科学。奥妙无穷 ▶

车轮上的现代化

CHELUNSHANGDE**XIANDAIHUA**

张玲 编著

北方妇女儿童出版社

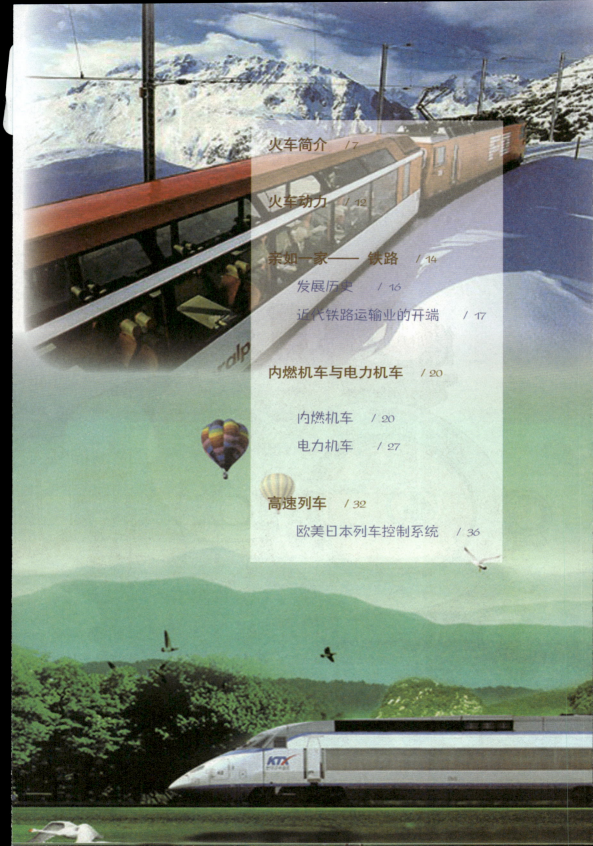

目录

目

录

从火车之父——乔治·斯蒂芬逊发明了蒸汽机车之后，随着社会的发展和科技的进步，火车的发展速度越来越快。现如今，火车已经成为人们必不可少的交通工具之一。在日常生活中，火车是人们旅游观光的出行工具，不仅能够外出探亲访友，而且还可以漫游世界各地。更为重要的是，火车作为交通运输工具对国家经济发展的交通运输起着不容忽视的推动作用。来吧，让我们共同认识交通大家庭的成员——火车吧!

● 火车简介

铁路列车,简称列车,俗称火车,是指在铁路轨道上行驶的车辆,通常由多节车厢组成。

早在1804年,一个名叫德里维斯克的英国矿山技师,首先利用瓦特的蒸汽机造出了世界上第一台蒸汽机车。这是一台单一汽缸蒸汽机,能牵引5节车厢,它的时速为5至6千米,而真正的蒸汽机车即火车是由史蒂芬逊(又译乔治·斯蒂芬森)发明的。因为当时使用煤炭或木柴做燃料,所以人们都叫它"火车",这个名称一直沿用至今。

人类历史上最重要的机械交通工具,早期称为蒸汽机车,有独立的轨道行驶。铁路列车按载荷物,可分为运货的货车和载客的客车,亦有两者一起的客货车。

在1781年,火车先驱乔治·斯蒂芬逊出生在一个英国矿工家庭。直到18岁,他还是一个目不识丁的文盲。他不顾别人的嘲笑,和七八岁的孩子一起坐在课堂里学习。1810年,他开始制造蒸汽机车。1817年,斯蒂芬逊决定在他主持修建的从利物浦到曼彻斯特的铁路线上完全用蒸汽机车承担运输任务。但是,保守的铁路拥有者对蒸汽机车的能力表示怀疑。他们提出,在铁路边上固定牵引机,用拖缆来牵引火车。斯蒂芬逊为

CHE LUN SHANG DE XIAN DAI HUA

火车先驱乔治·斯蒂芬逊

了让人们充分相信火车的性能，制造出了性能良好的"火箭"号机车。这种机车的卓越表现终于让怀疑者改变了态度，利物浦——曼彻斯特铁路因此成为世界上第一条完全靠蒸汽机运输的铁路线。

最早使用燃煤蒸汽动力的燃煤蒸汽机车有一个很大的缺点，就是必须在铁路沿线设置加煤、水的设施，还要在运营中耗费大量时间为机车添加煤和水。这些都很不经济。在19世纪末，许多科学家转向研究电力和燃油机车。

世界上第一列真正在轨上行驶的蒸汽火车是由康瓦耳的工程师塔拉维斯克所设计的。它的火车有4个动力轮，1840年2月22日试车，空车时，时速20千米，载重时，每小时8千米(相当于人快步行走的速度)。不幸,火车的重量压垮了铁轨。

1879年,德国西门子电气公司研制了第一台电力机车,重约954千克,只在柏林贸易展览会上做过一次表演。1903年10月27日,西门子与通用电气公司研制的第一台实用电力机车投入使用。

1894年,德国研制成功了第一台汽油内燃机车,并将它应用于铁路运输,开创了内燃机车的新纪元。但这种机车烧汽油,耗费太高,不易推广。

1924年,德、美、法等国成功研制了柴油内燃机车,并在世界上得到广泛使用。

1941年,瑞士研制成功新型的燃油汽轮机车,以柴油为燃料。该车结构简单、震动小、运行性能好,因而在工业国家普遍采用。

进入21世纪以来,各国都大力发展高速列车,例如法国巴黎至里昂的高速列车,时速到达300千米,日本东京至大阪的高速列车时速也达到500千米以上。人们对这样的高速列车仍不满足。法国、日本等国率先开发了磁悬浮列车。我国也在上海修建了世界第一条商用磁悬浮列车线,由地铁龙阳路站到浦东机场。这种列车悬浮于轨道之上,时速可达700~800千米。

人文小课堂：火车之父——斯蒂芬逊

斯蒂芬逊（公元 1781–1848 年），英国蒸汽机车发明家。他 18 岁才开始学习文化。1814 年，制成能牵引 30 吨重量的蒸汽机车；1825 年，设计研制成世界上第一台客运蒸汽机车"旅行"号。人们把他誉为"火车之父"。

斯蒂芬逊的父亲是一名蒸汽机司炉工，母亲是一个普通的家庭妇女。他们全家 8 口，全靠父亲的一点工资生活，日子过得十分艰难。为了减轻家庭的负担，斯蒂芬逊 8 岁就开始去放牛了。斯蒂芬逊从小就对那轰隆隆转动的机器有莫大的兴趣。每当去煤矿给父亲送饭，他总是围着机器看个不停。他憧憬着自己变成了一个大人，像父亲那样操纵着巨大的蒸汽机。放牛的时候，他喜欢捏泥巴。他捏的既不是兔子、小狗这类动物，也不是锅、碗、瓢、勺

这类炊具。他捏的是机器,是蒸汽机的模型,其中也有锅炉、汽缸、飞轮。

14岁那年,斯蒂芬逊真的当上了一名见习司炉工。能亲自操作机器,他很高兴,但光是操纵,又觉得不过瘾。他脑子里老是琢磨着:这机器是怎么转动起来的?它的内部是什么样的?有一天,别人都下班回家去了,他却说要留下来擦洗机器内部的灰尘。蒸汽机被他拆开了,所有的零件都仔细观察了一遍。装配起来却不是那么容易了。他忙

乎了好半天,才勉强把蒸汽机安装好。回家的路上,他都是提心吊胆,担心这机器明天转不了。谁知第二天一发动,那蒸汽机比平时转得还要好。他经常这样拆拆装装,对机器的结构熟悉透了。

不久,斯蒂芬逊产生了自己制造机器的愿望。由于他没有文化,无法画出设计草图,就用泥巴做成机器模型,仔细琢磨。他感到没有文化很难进行创造发明,于是,他在17岁时便报名读夜校,从小学一年级开始读起。斯蒂芬逊每天晚上都和七八岁的儿童坐在一起上课。他像羊群里的骆驼、鸡群里的仙鹤那么突出。

"嘻嘻,戆大!"

"嘿嘿,笨蛋!"

从夜校的教室外面,常常传来这样的讥笑声。他们讥笑这位"大学生"并没有在念大学,却是在念小学。

然而斯蒂芬逊不怕羞,不怕嘲笑,甘愿坐在小学生之中从头学起。

斯蒂芬逊白天要到矿上上班,为了多挣些钱养家糊口,休息时间还要替人家修理钟表、擦皮鞋,累得筋疲力尽。可是到了晚上,斯蒂芬逊总是第一个进教室,专心听讲,埋头学习。放学以后,别人都睡了,他还在昏暗的灯光下复习功课、做作业。

经过几年苦读,斯蒂芬逊终于甩掉了文盲的帽子,并掌握了机械、制图等有关知识。从此,斯蒂芬逊便插上了起飞的翅膀,飞翔在创造发明的天空中。

● 火车动力

最初的列车是由绳索或马匹拉动的。到了19世纪，多数的列车都改由蒸汽机车牵引。1940年以后蒸汽机车渐由较清洁及需要较少劳力的柴油机车取代，后来又出现电力机车及动车组。

电气化铁路的最初投资很大，但按每千米计算则是运作成本最低的。因此只有高流量的线路才适合电气化。电气化列车可能使用高架电缆或第三轨取电。

以动力的单位千瓦特除以能够牵引的重量吨来计算动力机车头的效能称为牵引能力比，蒸汽机车效能最低，其次是柴油机车（电力传动比液力传动效益高），电力机车或是电联车相对而言就经济得多。因为不需消耗额外的动能来牵引产生动力的引擎。

牵引动能比由小排到大依序为：（客运飞机、摩托车、一般家庭的汽车、公路上跑的卡车、农用牵引机、全挂拖车）蒸汽、机车、柴油液力传动机车、柴油电力传动机车、电力机车、柴油动车组、高铁动车组、电力动车组、客轮、渔船、油轮。

若考虑单位燃料或是单位动力的成本来营运轨道车辆，是以小编组来做区间运转有最佳能量使用经济效益，也就是4车一编组。每站都停的通勤电联车最具效益。

13

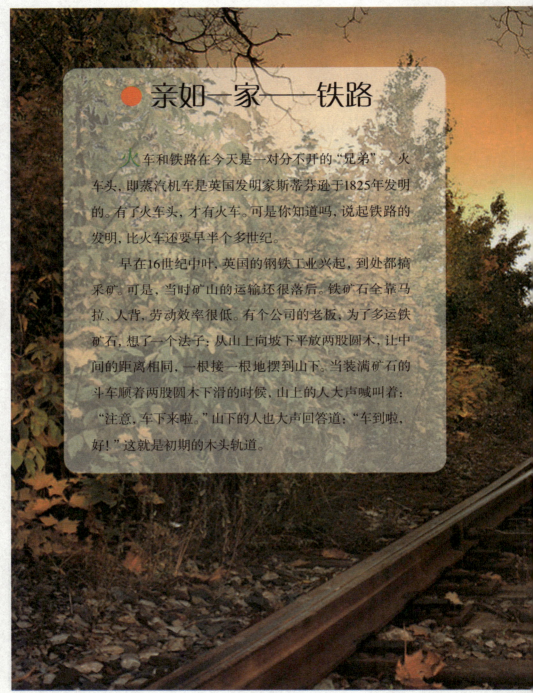

亲如一家——铁路

火车和铁路在今天是一对分不开的"兄弟"。火车头，即蒸汽机车是英国发明家斯蒂芬逊于1825年发明的。有了火车头，才有火车。可是你知道吗，说起铁路的发明，比火车还要早半个多世纪。

早在16世纪中叶，英国的钢铁工业兴起，到处都搞采矿。可是，当时矿山的运输还很落后。铁矿石全靠马拉、人背，劳动效率很低。有个公司的老板，为了多运铁矿石，想了一个法子：从山上向坡下平放两股圆木，让中间的距离相同，一根接一根地摆到山下。当装满矿石的斗车顺着两股圆木下滑的时候，山上的人大声喊叫着："注意，车下来啦。"山下的人也大声回答道："车到啦，好！"这就是初期的木头轨道。

木头轨道制作简单，由上向下运送重物也很省力，一时受到欢迎。不过，在平地上使用木头轨道效果不大，省力不多，而且这种木头轨道不耐用，磨损大。

到了1767年，有人试着拿生铁来做轨道，以取代木头轨道。人们便称呼为铁路了。铁轨比木头轨道的体积小许多，它直接放在地面上，斗车的轮子也是铁制的，推起来哐当直响，运煤、送货也省劲。但是，斗车内装的东西不能过重。有一回，一辆车子装货多了，把铁轨压到了地面里，结果车翻货出，差点压伤了人。怎么办？看来，必须解决地面的承受力问题，同时还要考虑铁轨的长度问题。就是在解决这些问题的过程中，逐渐产生了后来的铁路。火车很重，有人说如果把这个重量分散到枕木上，再由枕木分散到"道床"上，道床所受的力再均匀地分散到路基上，这个力量就变得小了许多。经过这样的传递过程，接触面积逐渐增大，单位面积的压力就相应降低，路基就不会被压坏了。

这个设计的思路是很科学的，可以说，今天的铁路仍然是根据这个道理建成的。

发展历史 〉

1825年，英格兰的斯托克顿与达灵顿铁路成为第一条成功的蒸汽火车铁路。后来的利物浦与曼彻斯特铁路更显示了铁路的巨大发展潜力。

很快，铁路便在英国和世界各地通行起来，且成为世界交通的领导者近1个世纪，直至飞机和汽车发明才减低了铁路的重要性。

高架电缆在1888年发明后，首条使用高架电缆的电气化铁路在1892年启用。

第二次世界大战后，以柴油和电力驱动的列车逐渐取代蒸汽推动的列车。

英格兰的斯托克顿

20世纪60年代起，多个国家均建设高速铁路。而货运铁路亦连接至港口，并与船运合作，以货柜运送大量货物大大减低成本。

现在，全球有144个国家设有铁路运输（包括全世界最小的国家梵蒂冈在内），其中约 90 个国家提供客运铁路服务。铁路依然是世界上载客量最高的交通工具，拥有无法取代的地位。

中国第一条铁路建于上海，曰英国人兴建，后被清朝地方官员买回并拆毁。而正式使用的第一条铁路和蒸汽机车则是由李鸿章兴办的开滦公司煤矿所建。

高架电缆

近代铁路运输业的开端 〉

1688年，英国的资产阶级发动"光荣革命"，宣告了资本主义制度的诞生。新的生产关系解放了生产力。手工工厂日益精密的技术分工，使各个生产过程简单化到能够用机器代替手工劳动，使手工工人的技术趋于专门化，这都为机器的发明和应用创造了良好的条件。工业革命拉开了序幕。

工业革命首先是从纺织行业开始的。在纺织行业中，大机器生产逐步取得了主导地位。机器的发明和应用，蒸汽机应运而生，随后利用蒸汽机的原理制造出在公路上跑的蒸汽车，也就是后来的汽车。几十年后，能在轨道上运行的蒸汽火车头问世。

1825年9月27日，世界上第一条行驶蒸汽机车的永久性公用运输设施，英国斯托克顿——达灵顿的铁路正式通车了。在盛况空前的通车典礼上，由机车、煤水车、32辆货车和1辆客车组成的载重量约90吨的"旅行"号列车，由设计者斯蒂芬逊亲自驾驶，上午9点从伊库拉因车站出发，下午3点47分到达斯托克顿，共运行了31.8千米。

斯托克顿——达灵顿铁路的正式开业运营，标志了近代铁路运输业的开端。铁路以其迅速、便利、经济等优点，深受人们的重视。在它的发源地英国自不必说，修筑铁路成为最热门、最时髦的事情。19世纪50年代是英国铁路修建的高潮时期，1880年主要的线路基本完成，1890年全国性铁路网已形成，路网总长达32000千米。

蒸汽机车

CHE LUN SHANG DE XIAN DAI HUA

西伯利亚铁路

 世界铁路之最

最长的铁路：俄罗斯。西伯利亚铁路是世界上最长的铁路，已经运行了102年。它连接俄罗斯首都莫斯科和太平洋岸的符拉迪沃斯托克，穿越分割欧亚的乌拉尔山脉，在西伯利亚的针叶林和大草原上延伸，全长9288千米。它被称为俄罗斯的"脊柱"，对俄罗斯乃至欧亚的经济、安全有举足轻重的影响。

最短的铁路：洛杉矶"天使航班"（美国）。位于美国加州洛杉矶市中心的"天使航班"被称为世界上运营里程最短的铁路，全长99米，沿着一个坡度为33%的山丘而建，有两个可以分别容纳25人的车厢运送上下山丘的乘客。"天使航班"于1901年开始运营，最初运营的单程车费为1美分，目前是25美分。"天使航班"曾经在2001年因故停运，恢复运营后，再次成为当地观光旅游的景点。

运行速度最慢的铁路：娄邵铁路（中国）娄底至邵阳铁路，最高时速53千米，铁路全长108千米，每天有10对客运火车运行，最快火车1980，需要2小时3分，时速53千米，最慢的K582，居然运行4小时6分，时速才26千米！

海拔最低的铁路：日本青函海底隧道，位于海平面以下240米处，同时它也是世界上最长的海底隧道。青函隧道是一条十分重要的通道，目前日本铁路当局打算在隧道里铺设具有大容量的光纤通信电缆、高压输电线、天然气管道等，以对隧道加以综合

18

利用，提高经济效益。

海拔最高的铁路：青藏铁路是中国新世纪四大工程之一。东起青海省省会西宁，西至西藏自治区首府拉萨，全长1956千米。其中，西宁至格尔木段814千米于1979年铺通，1984年投入运营。青藏铁路格尔木至拉萨段，北起青海省格尔木市，经纳赤台、五道梁、沱沱河、雁石坪、翻越唐古拉山，再经西藏自治区安多、那曲、当雄、羊八井，至拉萨，全长1142千米，其中新建线路1110千米，于2001年6月29日正式开工。青藏铁路是当今世界海拔最高、线路最长的高原铁路。

最长的高原冻土铁路桥：清水河大桥（中国）。清水河大桥是青藏铁路线上最长的桥梁，全长11.4千米，是世界上最长的高原冻土铁路桥。清水河大桥位于平均海拔4600米以上的可可西里自然保护区，是青藏线上最长的以桥代路的特大桥，修筑此桥的一个主要目的是为野生动物穿越青藏铁路提供通道，被誉为是"环保桥"。春夏季，成群迁徙的藏羚羊可以通过此桥。

最快的高速铁路：武广高铁（中国）。武广客运专线于2005年6月23日在长沙动工，2009年12月20日试运行，于2009年12月26日正式运营，武广高速铁路公布票价，一等座780元，二等座490元。武汉到广州运行时间缩短到2小时46分，广州至武汉，耗时2小时44分；长沙至武汉，耗时1小时33分。超过京津高铁成为世界上速度最快的高速铁路。

最早的高架铁路：伦敦旱桥式高架（英国）。1836年，格林尼治至伦敦的铁路动工兴建，线路穿过市区，涉及许多住宅和庭院的拆迁。同时英国议会规定，不允许铁路与公路在市内平面交叉。为了提高车速，减少车祸，降低污染，铁路部门想出了铁路向空中发展的方案，并建成这条长6千米的旱桥式高架铁路。这是世界高架铁路的雏形。此外，英国也是世界上最早拥有火车和铁路以及地铁的国家。

内燃机车与电力机车

内燃机车 ＞

• 分类

(1) 按用途分：干线内燃机车，包括货运内燃机车和客运内燃机车；调车内燃机车和调车小运转内燃机车；工矿内燃机车；地方铁路内燃机车。

(2) 按传动方式分：电传动、液力传动和机械传动内燃机车。电传动内燃机车，可分为直流电传动、交直流电传动和交流电传

客运内燃机车

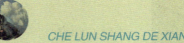

窄轨内燃机车机头

动内燃机车。液力传动内燃机车，可分为普通液力传动、液力一机械传动和液力换向的液力传动内燃机车。后者简称为液力换向内燃机车。

(3) 按铁路轨距分：标准轨、宽轨和窄轨内燃机车。标准轨轨距为1435mm；宽轨轨距有4种，分别是1520mm、1600mm、1665mm和1676mm；窄轨轨距在597mm至1219mm之间，共有19种，典型的轨距有600mm、762mm、900mm、1000mm和1067mm。后DF5型内燃机车（调车机）

两种轨距的机车，一般称为米轨机车。

(4) 按机车装用主柴油机台数分：单机组内燃机车和双机组内燃机车。

(5) 按能否实行重联牵引分：非重联内燃机车和重联内燃机车。

(6) 按走行部结构分：车架式内燃机车和转向架式内燃机车。

(7) 按机车轴数分：二轴、三轴、四轴、五轴、六轴和八轴内燃机车。

(8) 按机车轴式分：A-A、A0-A0、B-B、B0-B0、B-B-B、B0-B0-B0、C-C、C0-C0、D-D、D0-D0、A01A0-A01A0、AAA-B轴式内燃机车。

(9) 按司机室数量分：单司机室和双司机室内燃机车，还有无司机室内燃机车。

21

• 机车组成

内燃机车，是用内燃机作为动力装置的机车。注：铁道机车用的内燃机绝大多数是柴油机。内燃机车由下列部分组成：柴油机、主传动装置、辅助传动装置、车体（包括司机室）、走行部及各辅助系统。机车辅助系统包括：燃油系统、机油系统、冷却水系统、预热系统、空气制动系统及其他用风系统、控制系统、照明系统、充电系统、检测系统、诊断系统和显示记录系统等。

燃油系统

• 传动装置

1. 电传动

柴油机

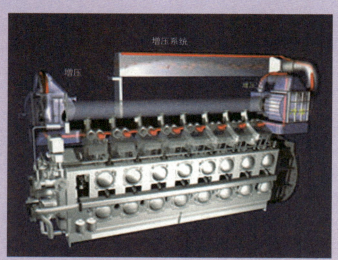

增压系统

增压

直流电传动、交直流电传动和交直交（简称交流）电传动。东风、东风2和东风3型机车，为直流电传动机车；东风4型以后研制的电传动内燃机车，均为交直流电传动机车。1999年以后陆续出现了一些交流传动机车。比较成功的有大连厂的东风4DJ型和戚墅堰厂的东风8CJ型。国产电传动机车都命名为东风×型，进口的则是ND×型。电传动机车在国内最知名的是由戚墅

东风8B型

堰机车车辆厂制造的东风11G型和东风8B型。

2. 液力传动

一般（机械换向）液力传动和液力换向的液力传动；另有一种为液力——机械传动。北京型和东方红系列机车均为液力传动机车；多数GK系列工矿机车为液力换向机车。国产的液力传动一般是东方红$^×$型和北京$^×$型，还有工矿机车GK系列，进口的则是NY$^×$型。液力传动机车在国内最知名的就数国产的东方红型了。

3. 机械传动

国内很少见，只在小功率的地方铁路和工矿机车上少有运用。从1992年6月1日起，北京铁路分局结束了使用蒸汽机车牵引客车的历史，改用内燃机车，以提高列车的速度和正点率。

人们在使用蒸汽机车的过程中发现，这种机车的一个致命弱点是它的锅炉既大又重，严重影响了它的发展前途。在锅炉里，用煤将水加热成蒸汽，再通入汽缸里，从而推动机车前进。有人设想，如果将这种笨重的锅炉去掉，使燃料直接在汽缸内燃烧，用所产生的气体来推动车轮旋转，就可以克服蒸汽机车的主要缺点。于是，一些科学家开始进行研究试验。

23

1866 年，德国人奥托首先制成了一种燃烧煤气的新型发动机。这种发动机和蒸汽机在汽缸外面的锅炉里燃烧燃料不同，它是在汽缸内点燃煤气的，然后利用气体的压力推动活塞，从而使曲轴旋转。因此，就给它起了个形象的名字，叫作"内燃机"。内燃机的出现，为火车的进一步发展带来了生机。

1894 年，德国制造出世界上第一台内燃机车。这种没有大锅炉的新机车既不烧煤，也不烧煤气，而是用柴油做燃料。它所用的柴油机是德国人鲁道夫·狄塞尔发明的。从此，内燃机车就成了火车家族中的一位重要成员，并得到了广泛的应用。

• 机车优点

内燃机车虽然出世较晚，但它后来居上，比火车家族中的大哥蒸汽机车的本领高强，受到人们的重视。它的突出优点是：

1. 速度快。内燃机车启动迅速，加速又快。通常蒸汽机车的最大时速为 110 千米，而内燃机车的最大时速可达 180 千米，使铁路通过能力提高 25% 以上。

2. 马力大。蒸汽机车的功率一般为 3000 马力左右，而内燃机车可以达到 4000 ~ 5000 马力，因而运载量就多。

3. 能较好地利用燃料的热能。蒸汽

德国人鲁道夫·狄塞尔

24

发电机

机车的热效率一般仅为 7% 左右，而内燃机车可达到 28% 左右，提高了 3 倍，从而节省了大量的燃料。

4. 适合缺水地区使用。蒸汽机车是个用水"大王"，一列火车平均每行驶 10 千米，就得消耗水 3 ~ 4 吨。通过干旱的缺水地区，火车就需要自带用水。据统计，在缺水地区运行一列火车，如果有 10 节车厢，其中有 3 节车厢是用来装水的。而内燃机车用来冷却的水仅需要几百千克，供循环使用，内燃机车上一次水，可连续行驶 1000 千米，因而它被人们誉为"铁骆驼"。

5. 司机驾驶操作方便。内燃机的司机不需要像蒸汽机车那样加煤加水，而且驾驶室内明亮宽敞，司机操作时视野开阔，既方便又安全。

有的人可能认为内燃机车和汽车都是使用的内燃机，两者的结构原理应是相同的。其实，它们是不完全一样的。汽车是利用内燃机产生的动力直接推动车轮转动，而内燃机车则是先通过内燃机带动发电机产生电能，再用电能使电动机旋转，从而驱动机车前进。所以，通常也将内燃机车称作"电传动内燃机车"。

内燃机车出世后，以其明显的优势很快就压倒了蒸汽机车。特别是第二次世界大战结束后，由于内燃机车所用的燃料——石油价格较低，能大量供应，因而有力地促进了内燃机车的发展。一些国

25

家如美国、日本、法国、加拿大等国都相继制成了内燃机车，并且在 10 年左右的时间内实现了铁路机车内燃化，使内燃机车得到了较广泛的使用。

内燃机车除了通常使用的电传动内燃机车外，还有液力传动内燃机车和适用于寒冷缺水地区的燃气轮机车。

液力传动内燃机车是将内燃机产生的动力通过液力变速箱、万向轴、车轴齿轮箱等设备，使车轮转动，从而带动车辆前进。早期的液力传动内燃机车，采用类似于蒸汽机车的连杆驱动。

燃气轮机车是现代化内燃机车的一种。这种机车的内燃机与喷气式飞机的原理相同。它比一般内燃机车的马力大，振动小，结构简单，行驶安全可靠，而且容易制造。世界上第一

液力传动内燃机车

台燃气轮机车是 1941 年在瑞士制成的。由于它特别适用于高寒、缺水地区使用，近年来发展很快。法国已研制成并投入使用第二代和第三代燃气轮机车，其中第二代燃气轮机车的最高时速已达到 260 千米。目前，燃气轮机车已成为引人注目的现代化机车中的重要一员。

液力传动内燃机车

电力机车 >

• 机车简介

1879 年出世的世界第一台电力机车，是利用两条铁轨之间的第三条轨将电力引进机车里的。这种供电方式适合于电压和功率都比较低的情况。

随着电力机车的发展，要使它跑得快，运载量大，就得提高电力机车供电系统的电压和功率，因而需要使用高压输电线和变电装置。在这种情况下，就不能再使用设在地面上的第三条轨供电的方式了，因为这既不安全，又给使用带来不便。

1881 年，德国试验成功一种适合以高压输电线供电的电力机车新的供电系统，叫作"架空接触导线"供电系统，也就是将电力机车的供电线路由地面转向空中。实际上，这种供电系统和现在城市中的有轨电车相似，在车顶上装着一条"长辫子"。它与以前使用蓄电池的电动机车的主要不同在于，它自身不带电源，由电厂供电，所以机车的结构比较简单，但需要一套供电设备。

这种装有"长辫子"的火车，依靠装在车顶上的受电弓把电力从架在空中的电线上引到机车里。高压输电线送来的电是高达 110 千伏的三相交流电，必须经过牵引变电所变成 25 千伏的单相交流电方能供机车使用。因此，在电力机车行驶的铁道沿线上，每隔 50 千米左右设一个牵引变电所。变电所的电又被送到邻近的沿线接触网上，通过机车上的受电弓将交流电

引到机车的整流器上，把交流电变成直流电，使直流电动机旋转，再经过一套传动装置，带动车轮转动，机车就会跑动起来。

电力机车虽然问世较早，但直到20世纪60年代才开始受到人们的重视，被大量普遍地使用起来，已成为铁路机车家族中的佼佼者。

道关口就是要翻越气势雄伟的秦岭。过去用3台蒸汽机车拉一列950吨货车上秦岭时，像老牛拉车每小时才行走18千米。蒸汽机车下坡时是靠闸瓦制动的，而闸瓦因摩擦就会变热，如果不及时冷却就难以将机车制动住。为了保证行车的安全，蒸汽机车的下坡速度比爬还慢，有时甚至走走停停，以便使受热的闸瓦

• 机车优点

人们将电力机车称为神通广大的"火车头"，就是因为它比蒸汽机车有着以下独特的优点：

一是它的马力大，拉得多、跑得快、爬坡的劲头足。例如，我国在上世纪50年代末期修筑的第一条电气化铁路——宝（鸡）成（都）铁路，就充分发挥了电力机车的优越性。从宝鸡到成都，第一

有足够的时间冷却。后来用3台电力机车取代同样数量的蒸汽机车，就能拉着2400吨的货物，以时速50千米快速上坡，比蒸汽机车在运货量和速度上都提高了近2倍。电力机车下坡时，采用电阻制动，使列车能以每小时40千米的速度下坡，既快速又安全。

二是电力机车用的是"干净"的电能，

它不冒黑烟、扬灰渣，因而不会污染环境。即便是通过几千米长的隧道，旅客也不必担心浓烟和废气熏人，也不会被讨厌的煤灰渣迷住眼睛或弄脏衣服。机车驾驶人员也能在宽敞明亮的司机室进行操作。

三是电力机车操作简便，出车前的准备时间短，不像蒸汽机车那样，既要装煤，又要加水，也不像内燃机车需要加油。无论是在缺水的沙漠地带，或是在冰天雪地的寒冷地区，只要有电力供应，电力机车就能牵引列车昼夜行驶。

四是电力机车使用的是电能，既可由煤炭、石油来发电，也可由水力、核能、天然气、地热、太阳能等发电，能量来源比蒸汽机车和内燃机车丰富，而且效率高。蒸汽机车的热效率只有 7%；内燃机车的热效率较高，也仅为 28%；而采用火力发电的电力机车，其效率可达 30%，若以水力发电时，热效率高达 60% ~ 70%。

上世纪 50 年代，由于石油得到大量开采，价格低廉，所以世界各国都在研制和使用内燃机车，而把电力机车放在次要地位。但是，在石油生产国提高石油价格，发生了世界性的石油危机之后，人们又把注意力转向了电力机车，从而促进了电力机车的迅速发展。

当时欧洲各国的电力机车的发展较快，如瑞士、荷兰等国研制的电力机车和供城市交通使用的有轨电车。日本制成了一种交直流两用电力机车，使用更为

方便。

电力机车除了在铁路和城市地面交通（即有轨电车）使用外，还多用于城市地铁，如意大利米兰市地铁、我国北京地铁用的电力机车等。现在的北京地铁电力机车上的"长辫子"已经不见了。这是怎么回事呢？原来，它是将"长辫子"从车顶上移到铁轨旁边的路基上。这样，架设和检修都很方便，但路轨附近有触电的危险，所以严禁乘客跳下站台，以保证人身安全。

目前，有的国家已制成了具有万匹马力的电力机车，使火车的速度超过了每小时 200 千米。还有的在研制 14000 马力的大功率电力机车，将会使火车的速度得到进一步提高。看来，电力机车将有着美好的发展前景。

- ## 机车原理

电力机车是从接触网获取电能，再利用牵引电机驱动的机车，是非自带能源式的机车。

- ## 机车种类

1. 直流电力机车

这种机车在国内应用最广，城市电车、地铁、铁道运输等方面都有应用，但受接触网电压的影响，机车功率受到一定限制。

2. 单相低频交流电力机车

这种机车采用单相整流子牵引电机（现在也有用直流电牵引电机的），主要问题是整流要求采用较低的供电频率，比如 16.67 赫兹或者 25 赫兹这种机车在欧美有应用，需要设立专门的发电厂和变频装置。

3. 单相工频交流电力机车（整流器式

电力机车）

　　这种机车是国内普遍采用的，像韶山1型、韶山3型等。

　　4. 其他

　　（1）. 采用直流电牵引电机的机车，像韶山2型。

　　（2）. 采用交流无换向器牵引电机的机车交－直－交制、交－交制的机车已经在这种系统中应用，像德国的 ICE 型高速电动车组、株洲厂的 DJ2 型等等，电力机车由机械、电气、空气管路三大系统组成，下面简要说一下整流器式和交直交电力机车原理：接触网供单相交流电－机车内牵引变压器降压－整流后变成直流电－供给直流牵引电机－牵引电机旋转带动机车运行。

● 高速列车

高速列车一般指时速在200千米以上的列车。20世纪50年代初，法国首先提出了高速列车的设想，并最早开始试验工作。1976年，用柴油电动机车牵引的高速列车在英国投入使用，这是当时英国最快的载客列车，最高时速达250千米。

日本、法国、德国是当今世界高速火车技术发展水平最高的3个国家。

高速火车的实际应用发源于日本。1959年，日本国铁开始建造东京至大阪的高速铁路，并在1964年开通，全长515千米，火车时刻表时速210千米，称为东海新干线。随后向西延伸，于1975年开通至冈山，1975年开通至终点站博多，大阪至博多称为山阳新干线，全长1069千米。

1982年，大宫至盛冈间465千米的东北新干线开通，同年11月，大宫至新潟间的上越新干线也开通运营。1970年，日本制定"全国新干线火车网建设法"，1972年日运输省又规划了5条新干线：北陆新干线（东京—大阪—富山）、东北新干线延长线（盛冈—青森）、九州新干线（博多—鹿儿岛）、长崎新干线（博多—长崎）、北海道新干线（青森—札幌）。

法国高速火车称TGV（法文高速列车之意）。法国国铁从1950年开展高速火车技术研究，1955年研制的样车试车，就创造了当时的世界最高纪录—火车时刻表时速331千米，使人们看到了这一技术的发展前景。

法国高速火车实际运营开始于1967年，稍晚于日本。但法国国铁不断改进，使TGV的速度不断创新，1981年，一列由7节车厢组成的TGV列车创下了火车时刻表时速380千米的新纪录。1990年，第二代TGV列车又以515.3千米的火车时刻表时速刷新了世界纪录，冲破了被称为极限的375千米火车时刻表

CHE LUN SHANG DE XIAN DAI HUA

时速，使TGV成为法国人日常生活不可缺少的一部分。法国高速列车于2007年4月3日在行驶试验中达到574.8千米的时速，打破了1990年由法国高速列车创下的时速515.3千米的有轨铁路行驶世界纪录。法国TGV线路目前分为4部分：巴黎东南线，由巴黎至里昂运行3小时50分，火车时刻表时速260千米。大西洋线，由巴黎通往大西洋岸，火车时刻表时速300千米。北方线从巴黎出发，穿越英伦海峡进入英国。另有支线到布鲁塞尔，并延伸至阿姆斯特丹、斜伦、法兰克福。东线，由巴黎到斯特拉斯堡。

德国高速火车称为ICE。1979年试

制成第一辆ICE机车。1982年德国高速火车计划开始实施。1985年ICE的前身首次试车，以317千米火车时刻表时速千米打破德国火车150年来的纪录，1988年创造了火车时刻表时速406.9千米的记录。1990年一台机车加13节车厢的ICE列车开始在维尔茨堡富尔达高速火车试运行，火车时刻表时速为310千米。1992年德国火车以29亿马克购买了60列ICE列车，其中41列运行于第六号高速火车，分别连接汉堡、法兰克福、斯图加特，运行火车时刻表时速200千米。目前，德国已建成高速火车1000多千米，到2000年，德国计划建成11条高速火车。

和完善。

欧美日本列车控制系统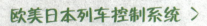

　　火车的速度提升是铁路技术发展的重要目标，而这个目标不断实现的安全阀就是列车运行控制系统(简称"列控系统")。列控系统的作用是防止列车超过线路规定的允许速度运行，进行轨道间闭塞区域的管理，防止列车出现运行追尾事故。自火车运行伊始，随着运行速度的不断提高，各国的列控系统也得到发展

• 日本列车自动控制系统ATC

　　日本新干线制动系统的运行控制分为三部分：第一是自动列车控制系统ATC；第二是操作柄控制制动，对列车的发车、加速、时间调整及车站停车以及从30km/h到停车地点的所有操作，均是司机通过手柄来实现的；第三是紧急制动的操纵，当出现意外事故时，司机操纵紧急制动开关UBS来实现紧急制动。

CHE LUN SHANG DE XIAN DAI HUA

• 欧洲列车控制系统ETCS

　　欧洲列车控制系统 (ETCS) 是为保证高速列车在欧洲铁路网内互通运行而建立的统一列车运行控制系统。ETCS 是基于欧洲应答器（可加局部欧洲环线）与车载设备配合构成的点式列控系统，适应最高运行速度为 200 ~ 250km/h。中央调度中心确定列车进路和列车群运行秩序。车载设备根据与前方列车之间的距离、速度要求等，自动控制列车的运行。

机车车载设备

列车与地面控制中心

• 美铁路列车控制系统ATCS

　　美铁路列车控制系统由 5 个主要功能模块构成：调度指挥中心 / 中央控制系统；机车车载设备，实现列车控制、定位；无线数据通信系统，列车与地面控制中心间的双向信息传输（语音和数字通信）；地面设备，包括列车定位应答器，无线中继的基站、天线等；线路维护的移动终端。ATCS 是采用计算机、无线和数字通信技术的闭环分散控制系统，通过合理安排列车越行与交会，辅助司机优化驾驶；调度指挥中心及时通报列车或线路的数据，与车载计算机随时监测运营和设备的状况，及时采取措施消除隐患，增加安全性；提供有效运行图和运行调整方案，引入移动闭塞，增加现有线路的通过能力。

● 磁悬浮列车

火车和其他车辆一样，是利用车轮行驶的。火车的轮子不断地在钢轨上滚动，才推动列车飞速前进。然而，车轮也对列车的高速行驶带来不利影响。

随着火车速度的提高，轮子和钢轨便产生猛烈的冲击和磨损，引起列车强烈的震动，发出很强的噪声，从而使乘客感到不舒服。不仅如此，由于列车在行驶中所受到的阻力（空气阻力和摩擦阻力）与速度的平方成正比。速度愈高，阻力愈大。所以，在利用车轮滚动行驶的条件下，当火车行驶速度超过一定值（每小时300千米）时，就再也快不了了。

但是，人们总希望火车的速度越快越好。怎样解决这个矛盾呢？有些人就提出把妨碍列车速度提高的车轮甩掉，设法使列车像飞机在空中飞行一样，在钢轨上腾空行驶，不就克服了轮子所带来的各种缺点吗！于是，没有轮子的火车便随之诞生了。

火车头和车厢都很重，如何使它们腾空起来呢？科学家通过研究，提出了两种解决方法。

第一种办法是，利用功率很强的航空发动机向轨道上喷射压缩空气，使列车的车底和轨道之间形成一层几毫米厚的空气垫，从而将整个列车托起，悬浮在轨道面上。再用装在后面的螺旋桨式发动机推动列车前进。这种火车通常叫作"气悬浮列车"。由于它好像被气垫托起来一样，所以又叫作"气垫列车"。

法国是世界上最早修建气垫列车的国家。上世纪60年代，在巴黎和奥尔良郊外建成了两条气悬浮式铁路，一条长18千米，另一条长6.7千米，曾进行了多次运行试验。列车的试验速度为每小时200至422千米。1969年在奥尔良郊外使用的气垫车，长26米，宽3.2米，高4.35米，重20吨，可乘80人。

后来，英国也进行了气垫列车试验。

1955年，易安迪制造两款LWT-12气垫列车，被联合太平洋等铁路公司购买，但没能流行起来。

第二种办法是，利用磁体同性相斥的原理，使车体在轨道上悬浮起来，再用发动机推动列车前进。人们把这种列车叫作磁浮列车。

磁浮列车是在列车的底部装有用一般材料或超导体材料（在一定温度下这种导体的电阻接近于零）绕制的线圈，而在轨道上安装环形线圈。根据法拉第的电磁感应定律，当列车底部的线圈通入电流产生的磁力线被轨道环形线圈所切割，就在环形线圈内产生感应磁场，它与列车底部超导线圈产生的磁场同性相斥，就使列车悬浮起来。由于悬浮列车克服了轮子和轨道的摩擦阻力，因而可使列车的速度达到或超过每小时300千米。

由于磁浮列车的速度非常快，可与一般飞机的飞行速度媲美，人们称它为"飞行列车"和"超特快列车"。乘坐这种列车，使人感到既舒适、安全，又特别迅速。在车内听不到单调刺耳的车轮撞击声，即使行驶速度很高时，乘客也会觉得像坐飞机那样平稳。它的速度可达每小时500多千米。从北京到上海，距离约1600千米。如果乘坐这种没有轮子的火车，只要3个小时就可驶完全程，比普通火车快了六七倍。

日本研制的磁浮列车

磁浮火车是在20世纪60年代开始研制的。世界上第一条实用性的磁浮铁路建在原联邦德国汉堡市展览馆至展览广场之间，全长908米，轨道为高架桥式。磁浮列车长26.24米，可载客68人。它可浮离轨面10毫米运行，最高时速为75千米。

1979年12月12日，日本研制的磁浮列车进行了一次运行试验，时速达到504千米。试验是在日本宫崎县向市的铁路试验中心进行的。所用的试验车长13.5米，高2.7米，宽3.8米，重10吨。试验时，列车先经过一段短距离行驶，获得起始速度后，列车便在导轨上（通常为单轨，也有双轨的）浮升100毫米，并快速向前飞驰。磁浮列车在悬空行驶时，是不使用车轮的。但在起动或刹车时，还需要用车轮。

磁悬浮列车运行的原理 〉

磁悬浮列车是利用磁极吸引力和排斥力的高科技交通工具。简单地说，排斥力使列车悬起来，吸引力让列车开动。磁悬浮列车车厢上装有超导磁铁，铁路底部安装线圈。通电后，地面线圈产生的磁场极性与车厢的电磁体极性总保持相同，两者"同性相斥"，排斥力使列车悬浮起来。与常规的动力来自于机车头的火车不同，磁悬浮列车的动力来自于轨道。轨道两侧装有线圈，交流电使线圈变为电磁体，它与列车上的磁铁相互作用。列车行驶时，车头的磁铁（N极）被轨道上靠前一点的电磁体（S极）吸引，同时被轨道上稍后一点的电磁体（N极）所排斥——结果是前面"拉"，后面"推"，使列车前进。当列车到达目的地时，在线圈里流动的电流流向就反转过来了。其结果就是原来那个S极线

圈就变为N极线圈了，反之亦然。

这样，列车由于电磁极性的转换而得以持续向前奔驰。

磁悬浮列车运行时，应当与轨道始终保持10毫米的间隙。任何的偏差对于列车的稳定性都是很危险的。但磁场解决了这个问题。由于在轨道底端的磁体与车厢上的磁体是同一极性，它们之间总有排斥力，如果因为某种原因使得列车悬浮高于10毫米，也就意味着列车向轨道

产生的磁场逐渐向变弱的区域移去，从而它所得到的悬浮力减少，这样列车又会回落至10毫米的高度。相反，如果车厢太靠近铁轨，将遇到轨道磁场非常大的阻力，并得到较大的排斥力，这就使列车又

能与铁轨保持正常距离。这样，就没必要去监控悬浮的距离了。

磁悬浮列车最大的优点就是速度快，其时速可达400~550千米，通过调节通过磁体的电流强度，可以方便地改变列车的速度。而传统轮轨列车经过100多年发展，最高时速仅为300~350千米，如进一步提速，就会受到用轮轨支承和受电弓供电的限制。高速磁悬浮列车用电磁力将列车浮起而取消轮轨，采用长定子同步直线电机将电供至地面线圈，从而取消受电弓，实现了与地面没有接触、不带燃料的地面飞行，克服了传统轮轨铁路的主要困难。由于是在轨道上悬浮行驶，并且按飞机的防火标准配置设施，因此乘坐平稳舒适，安全性非常高。

有人会担心，万一停电，列车会不会马上掉下来，其实这个问题在设计时早就考虑到了。磁悬浮列车上装有储备电源，一旦发生断电现象，系统会自动切换到储备电源上来，储备电源可以继续维持列车行驶一段时间，在此过程中，列车速度会逐渐慢下来，离地面的高度也逐渐下降，最后平稳落地。不会出现停电后高速行驶的列车骤然降落的情况。

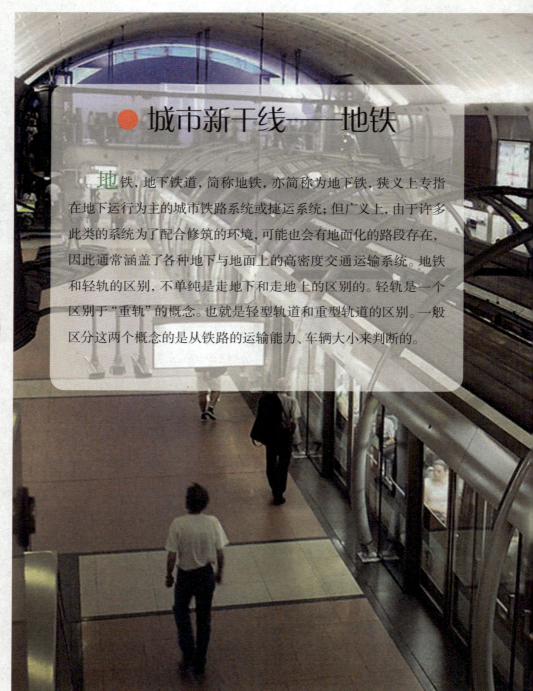

● 城市新干线——地铁

　　地铁，地下铁道，简称地铁，亦简称为地下铁，狭义上专指在地下运行为主的城市铁路系统或捷运系统；但广义上，由于许多此类的系统为了配合修筑的环境，可能也会有地面化的路段存在，因此通常涵盖了各种地下与地面上的高密度交通运输系统。地铁和轻轨的区别，不单纯是走地下和走地上的区别的。轻轨是一个区别于"重轨"的概念。也就是轻型轨道和重型轨道的区别。一般区分这两个概念的是从铁路的运输能力、车辆大小来判断的。

地铁历史 ›

在英文环境中，根据各城市类似系统的发展起源与使用习惯之不同，地铁的名称略有差别。

世界上首条地下铁路系统是1863年开通的"伦敦大都会铁路"，是为了解决当时伦敦的交通堵塞问题而建。当时电力尚未普及，所以即使是地下铁路也只能用蒸汽机车。由于机车释放出的废气对人体有害，所以当时的隧道每隔一段距离便要有和地面打通的通风槽。到了1870年，伦敦开办了第一条客运的钻挖式地铁，在伦敦塔附近越过泰晤士河，但这条铁路并不算成功，在数月后便关闭。现存最早的钻挖式地下铁路则在1890年开通，亦位于伦敦，连接市中心与南部地区。最初铁路的建造者计划使用类似缆车的推动方法，但最后用了电力机车，使其成为第一条电动地下铁。早期在伦敦市内开通的地下铁亦于1906年全数电气化。

1896年，当时奥匈帝国的城市布达佩斯开通了欧洲大陆的第一条地铁，共有5千米，11站，至今仍在使用。

中国第一条地铁线路始建于1965年7月1日，1969年10月1日建成通车，使北京成为中国第一个拥有地铁的城市。

一座城市的地铁折射着这座城市的文化。地铁就像是交通工具里面最可爱的精灵，穿梭于每一座城市的每一个角落，它承载着人们的笑，人们的哭；它记录着生活的快与慢；它也收录着经济发展的点点滴滴；它架起了城市的地下经脉，带动了庞大的地下商城。

城市轨道交通

主要用途 〉

　　绝大多数的城市轨道交通都是用来运载市内通勤的乘客，而在很多场合下城市轨道交通系统都会被当成城市交通的骨干。通常，城市轨道交通系统是许多都市用以解决交通堵塞问题的方法。

　　美国的芝加哥曾有用来运载货物的地下铁路，英国伦敦亦有专门运载邮件的地下铁路。但两条铁路已先后在1959年及2003年停用。目前所有城市地下铁路仅为客运服务。在战争（如第二次世界大战）时，地下铁路亦会被用作工厂或防空洞。不少国家（如韩国）的地铁系统，在设计时都有把战争可能计算在设计内，所以无论是铁路的深度、人群控制方面，都同时兼顾日常交通及国防的需要。有些地方的地下铁路建筑在地底下不单是为了避开地面的繁忙交通及房屋，还是为了避免铁路系统受到户外的恶劣天气的破坏。

　　另外，城市轨道交通系统亦被用作展示国家在经济、社会以及技术的指标。例如苏联的地下铁路系统便以车站装饰华丽出名，而朝鲜首都平壤的地下铁路系统亦有堂皇的装饰。

46

车辆 〉

最初的城市轨道系统车厢是木制的，后来改为钢制以减少一旦发生火灾造成的危险。自1953年开通的多伦多地下铁路，车厢改良为铝制，有效减少维修成本和重量。

很多地下铁路行走的隧道都比在主要干线上的小，所以一般而言地下铁路的列车体积一般比较小。有时隧道甚至能影响列车的形状设计，例如伦敦地铁的部分列车便是。

铝制车厢

大部分城市轨道系统都是使用动力分布式（即动车组），而不使用动力集中式。若果使用动力集中式，经常会用推拉运作。

另外，部分较为先进的系统已开始引入列车自动操作系统。伦敦、巴黎、台湾、新加坡和香港等地车长都无需控制列车。更先进的轨道交通系统能够做到无人操控。例如世界上最长的自动化LRT系统——温哥华空中列车，LRT所有的车站及列车均为"无人管理"。上海地铁1号线、2号线、3号线、4号线、8号线已经实现由司机全程监控、控制开关门的半无人驾驶，10号线也试行无人驾驶，司机仅仅进行监控。

优点缺点 〉

- **优点**

- **节省土地**

    由于一般大都市的市区地皮价值高昂，将铁路建于地底，可以节省地面空间，地面地皮可以作其他用途。

- **减少噪声**

    铁路建于地底，可以减少地面的噪声。

- **减少干扰**

    由于地铁的行驶路线不与其他运输系统（如地面道路）重叠、交叉，因此行车受到的交通干扰较少，可节省大量通勤时间。

- **节约能源**

    在全球暖化问题下，地铁是最佳大

众交通运输工具。由于地铁行车速度稳定，大量节省通勤时间，使民众乐于搭乘，也取代了许多开车所消耗的能源。

• 减少污染

　　一般的汽车使用汽油或石油作为能源，而地铁使用电能，没有尾气的排放，不会污染环境。

• 其他优点

　　地铁与城市中其他交通工具相比，除了能避免城市地面拥挤和充分利用空间外，还有很多优点。一是运量大。地铁的运输能力要比地面公共汽车大 7～10 倍，是任何城市交通工具所不能比拟的。二是速度快。地铁列车在地下隧道内风驰电掣地行进，行驶的时速可超过 100 千米。

　　地铁在许多城市交通中已担负起主要的乘客运输任务。莫斯科地铁是世界上最繁忙的地铁之一，800 万莫斯科市

49

上述这些城市地铁相媲美。可以想象，如果没有地铁，这些城市的交通状况将会怎样；如果没有地铁，这些城市也就不可能成为目前那样交通发达的现代化大都市。

- 缺点

- 建造成本高

由于要钻挖地底，地下建造成本比建于地面高。

- 前期时间长

建设地铁的前期时间较长，由于需要规划和政府审批，甚至还需要试验。从开始酝酿到付诸行动破土动工需要非常长的时间，短则几年，长则十几年也是有可能的。

民平均每天每人要乘一次地铁，地铁担负了该市客运总量的 44%。东京地铁的营运里程和客运量与莫斯科地铁十分接近。巴黎地铁的日客运量已经超过 1000 万人次。纽约的地铁营运线路总长居世界首位，日客运总量已达到 2000 万人次，占该市各种交通工具运量的 60%。香港地铁总长虽然只有 43.2 千米，但它的日客运量高达 220 万人次，最高时达到 280 万人次，如按地铁总长折算，完全可以与

安全性能 ＞

虽然地铁对于雪灾和冰雹的抵御能力较强，但是对地震、水灾、火灾和恐怖主义等抵御能力很弱。由于地铁的构造，而导致极易因为这些因素发生悲剧。为此，自地铁出现以来，工程师们就不断持续研究如何提高地铁的安全性。

• 地震

　　可以导致行进中的车辆出轨，因此地铁都设计有遇到地震立即停驶的功能。为防止地铁地道坍塌，处于地震地带的地铁结构必须特别坚固。

• 水灾

　　由于地铁内的系统低于地平线，而导致地上的雨水容易灌入地铁内的设施，因此地铁在设计时不得不规划充分的防水排水设施，即使如此也可能发生地铁站淹水事件。为此在发生暴雨之时，地铁车站入口的防潮板和线路上的防水闸门都要关闭。一个知名的例子是台北捷运在纳莉台风侵袭时曾经发生淹水事件。还有北京地铁 1 号线因暴雨积水关闭了数小时。

• 火灾

　　在以前，人们不太重视地铁站内的防火设施，车站内一旦发生火灾，瞬间就会充满烟雾，而引发严重的灾祸。1987 年 11 月 18 日，英国伦敦地铁中央车站发生火灾，导致 31 人死亡。产生火灾的原因之一是因为伦敦地铁内采用了大量木质建筑。因此，日本地铁部门规定在地铁站内禁烟来避免火灾。

　　2003 年 2 月 28 日，韩国大邱市的地铁车站因为人为纵火而产生火灾，12 辆车厢被烧毁，192 人死亡，148 人受伤。这次火灾产生如此严重后果的原因除了车厢内部装潢采用可燃材料之外，车站区域内排烟设施不完善也是重要因素，加上车辆材质燃烧时产生了大量的一氧

化碳等有害物质,而导致不少人中毒死亡。

消防部门表示,地铁火灾具有燃烧蔓延速度快,高温、浓烟危害严重,人员比较集中、疏散救援难度大等特点。因此,地铁逃生应遵循以下三个原则:

守秩序。消防专家提醒,地铁人流量大,一旦发生火灾,乘客就容易失去理智到处乱跑。整个车厢里乘客逃生的能力差异大,一旦乱了秩序,给消防人员的营救会带来极大难度。

保持镇静。人在一个狭小封闭的空间,一旦发生问题很容易恐慌。这时候镇静非常重要,要留意观察。比如在杭州地铁站厅里和站台附近,均配有报警器、电话连接口和消火栓,站厅内还设有专门的手动报警器。一旦发生火灾,排烟系统会自动打开,乘客可以按紧急按

钮,风从哪里吹来,人就往哪里跑。

不要蹲下。车厢里人群复杂,逃生能力不一,特别是妇女、儿童、老人,由于害怕会立刻蹲下,这样就容易发生踩踏事件,造成不必要的损伤。

地铁与轻轨的区别

地铁和轻轨的区别，不单纯是走地下和走地上的区别的。轻轨是一个区别于"重轨"的概念。也就是轻型轨道和重型轨道的区别。一般区分这两个概念的是从铁路的运输能力、车辆大小（车重）来判断的。

1.轨道远期规划（饱和运能）单向运输能力在每小时3万人次以下的称为轻轨。

2.使用的轨道列车每轴负载能力在13吨以下的称为轻轨。

3.因为所采用的轨道列车比较轻便，所以所采用的轨道也比较轻便，一般来说，每米轨道重量在30千克以下的称为轻轨。

4.轻轨允许与常规公路交通混行，即是将铁路轨道建设在公路上，允许常规的汽车与轨道车辆混合行驶。常见的就是城市内部的有轨电车，例如在我国东北地区（如大连、长春等地）的有轨电车、香港港岛区的双层有轨电车、香港新界西北（元

朗、天水围、屯门一带）使用的轻铁，日本东京的都电荒川线、日本神奈川县镰仓市的江之岛线等等。

而"地铁"是相对于地面铁路，主要在地下区间行驶，属于城市通勤轨道的范畴。当然，城市轨道交通也有很多采用地面线路、架空线路，其实也是属于"地铁"的范畴。所以，把在地面上能够看得到列车行进的铁路都称为"轻轨"是错误的。一个很明显的例子：广珠城际快速轨道。这条轨道采用的是1435mm标准轨距，使用的电压是和国铁相同的25kV电压，车辆是3.2m宽车身的和谐号动车，列车为8辆编成，轴重远大于13吨，而且采用的钢轨是和高铁相同的钢轨，从这里来看，完全没有"轻轨"的概念了，但很多人都喜欢叫"轻轨"。

包括很多城市的地铁也是，在露出地面的部分也称为轻轨，其实是不对的，因为这些轨道当中，大多是采用1435mm的标准轨道，每米轨道重量在60kg，远比30kg大。而且车辆都是采用4～8辆编组，轴重在13吨以上，所以，严格来说，这些不是轻轨而是地铁。

• 中国大陆所指的轻轨

在中国大陆，"轻轨"指的是客流量较小或编组规模较小的轨道交通线路，这种"轻轨"事实上并非传统意义上的轻轨运输系统，而属于中型铁路系统（中运量系统）。中国大陆区分"轻轨"和"传统意义上的'地铁'"的具体标准如下。

1. 能适应远期单向最大高峰小时客流量1.5至3万人次的线路是"轻轨"，能适应远期单向运输能力在3万至7万人次的大容量城市轨道交通系统都是"地铁"。

2. 轴重小于13吨为轻轨，轴重大于13吨为地铁。

3. 将列车车型划分为A、B、C、L四种车型（该划分仅在中国大陆出现）。采用C型车或L型车的是轻轨，采用A型车或B型车的是地铁。采用2～4节列车编组的是轻轨，采用5～8节编组的是地铁。

中国大陆标准下的典型"轻轨"有上海地铁5号线（4C）、上海地铁6号线（4C）、广州地铁4号线（4L）、大连快轨7号线（2B与4B混）等。而包括这些线路在内的中国大陆所指"轻轨"皆违背了国际上 Light rail 的核心定义，与国外的轻轨不能混为一谈。因此这线路虽然在大陆被称之为轻轨，但实际上按照国际标准均是地铁。

地铁建造 〉

在地底下挖隧道并不是一件容易的事，而且需要极大量的金钱和时间，至少也要好几年才能完成。明挖回填：最简单直接的方法是明挖随填（明挖回填）。这种方法一般是在街道上挖掘大坑，再在下面建造隧道结构，隧道有足够的承托力后才把路面重新铺上。除了道路被掘开，其他地下结构如电线、电话线、水管等都需要重新配置。建这种隧道的物料一般是混凝土或钢，但较旧的系统也有使用砖块和铁的。

钻挖法：另一种方法是先在地面某处挖一个竖井，再在井底挖掘隧道。最常见的方法为使用钻挖机（潜盾机，盾构机），一面挖掘一面把预先准备好的组件安装在隧道壁上。对于建筑物高度密集的地方（如香港的香港岛），钻挖法甚至是唯一可行的建造方法。这种方法的优点是对街道或其他地下设施的影响非常小，甚至可在水底建造（伦敦、首尔和香港的城市轨道系统都有很多越过河流或海港的隧道）；隧道的设计也有较多的创作空间，例如车站会比站与站之间的隧道高一些，有助列车离站时加速以及进站时减速。 但这种挖法也不是没有缺点的，其中之一是经常需要留意地下水的影响；另外在一些较硬的岩层开挖，可能需要炸药。地下空气供应问题甚至隧道坍塌亦有可能造成工人伤亡。此外，对于建筑高度密集的地方，挖掘时除了要留意避免对工地四周的建筑结构造成影响以外，有时亦要统筹所在的公用事业，

把地底的输水、输电管线迁移，以便腾出地方来兴建列车通道。

营运方式 〉

城市轨道交通系统的运营方式可大致分为两种。一是由政府或自治团体来营运，被称为公营。另一个则是由民营企业营运，是为民营。同时还存在着第三种营运方式，经营者虽然是民营企业，但出资者则是公营团体，这在欧洲较常见。

在一些地区，轨道交通系统的票价无论时间还是乘车长度的长短都是定额的。但是也有很多国家的轨道交通票价是按照乘坐距离（或依里程划分不同区间）来决定的。在德国等欧洲国家，轨道交通的票价采取地域制，以某地方为中心，向外辐射来划定地域，在一个地域（里程）内票价相同，而下一个地域内则又有新的票价。很多国家组织了交通营运联合体，轨道交通系统与其他大众运输工具进行票证整合，轨道交通系统的车票在其他交通工具（如公共汽车或地区铁路）上也能使用。

很多城市轨道交通系统导入了自动收费系统，这样可节

请确认票卡金额

省大量人工，节省运营成本。只要插入专用车票或IC卡，自动收费系统的验票闸门就可自动放行。在日本，城市轨道交通系统的自动收费装置还有诸如自动判定票的余额是否充足与判定使用次数等智能功能。

另外在德国和奥地利等

国，轨道交通系统营运实行"自助餐制"。全面废止在车站内验票，而是在车内进行突击验票。在这个情况下，若是逃票要缴交正常票价8倍以上的高额罚款（这些国家内的其他市内交通机关也施行同样的制度）。若境外游客逃票超过一定次数，甚至会影响该游客的诚信档案以至于无法成功办理第二次签证。

列车运行 ＞

由于都市内交通运输拥塞，大众普遍要求"不需要太长等候时间就能搭乘"。为此列车的运行间隔被设定10分钟以下。莫斯科在交通高峰时段更每隔一分钟就有一班次。一般情况下，车站内两个月台内的列车是同时到达的。但在东京的部分线路，实行缓行和急行两种运行方式同时进行的情况。急行列车不停一些较小型的车站，缓行列车则每站都停。

世界上大部分的轨道交通线路，从早晨4点营运到24时。通常于早晨4点至7点发首班车，晚上10点至次日凌晨1点发末班车。少数的例外，美国芝加哥和美国纽约为24小时运营。

● 中国火车铁路发展史

中国铁路的发展 〉

　　中国从1876年修建淞沪铁路以来,到1981年止的105年内,共建铁路50181千米。中华人民共和国成立以前,中国平均每年只修建铁路 300余千米。中华人民共和国成立以后,国家对铁路的修建有了统筹规划,修建铁路的速度达到平均每年800余千米。到1981年底中国大陆铁路营业里程为50181千米,其中双线铁路为8263千米,电气化铁路为1667千米。铁路总延展里程为89580千米。从1876年到1981年止,中国铁路的发展经历了两个时期,即清朝和中华民国时期、新中国时期。

• 清朝和中华民国时期

    1876 年，英国商人在上海修建的淞沪铁路，被认为是在中国土地上的第一条铁路。在此以前，英国商人曾在北京宣武门外建筑一条 500 米长的小铁路，只能供人玩赏。

    1881 年河北省唐山开平矿务局为了运煤而修建了从唐山至胥各庄的唐胥铁路。这条铁路长 9.7 千米，后延至天津，称为唐津铁路。1890 年自唐山延至山海关，称为关内外铁路。

    1887 年，台湾省巡抚刘铭传主持修建从台北至基隆铁路，长 28.6 千米，

1891 年完成。至 1893 年自台北展修至新竹，长 78.1 千米。这是我国台湾省最早的 1067 毫米轨距的铁路。

俄国在建成西伯利亚铁路后，于 1898 年强行在中国建筑自满洲里至绥芬河的中东铁路和自哈尔滨至大连的南满铁路，这两条铁路按俄国铁路标准修筑的，采用 1524 毫米宽轨距，这是中国东北地区最早的铁路，日本于 1905 年也在中国东北建筑安东至沈阳和沈阳至新民的窄轨铁路，后又于 1911 年建成安东至朝鲜新义州的鸭绿江桥。德国强占山东胶州湾后，1904 年建成济南至青岛的胶济铁路。1895 年法国要求修筑自云南省昆明至边境城市河口的滇越铁路，这条铁路为 1000 毫米窄轨铁路，1910 年完成通车。

1889 年清政府成立中国铁路总公司，向比利时银团借款兴建北京卢沟桥至汉口的卢汉铁路。这条铁路先由政府拨款修建卢沟桥至保定及汉口至滠口两段。通车后，于 1901 年从卢沟桥展筑至北京前门。1906 年北京至汉口全线通车。1898 年清政府向英商汇丰银行借款修建关外铁路，即现在的沈阳至山海关铁路。同年，清政府向美国合兴公司借款，修建武昌至广州的粤汉铁路和广州至三水的广三支线。后以合兴公司违反合同规定，清政府于 1905 年收回筑路权，交由湖北、湖南、广东三省分别建筑。

1904年完成广三支线，1911年完成长沙至株洲段，1918年完成武昌至长沙段，1916年完成广州至韶关段。

英国取得了道口至清化焦作矿区铁路的筑路权，由英国福公司承建，1907年完成。又取得了广州至九龙铁路的筑路权，后由中英两国合建广州至深圳段，1911年完工。

清政府向英国银团借款修建苏杭甬铁路，由英国公司建筑南京至上海铁路，于1908年完成，并重建淞沪铁路作为支线。上海经杭州至宁波铁路，由于江苏、浙江两省官绅反对在英国控制下修建铁路，各自组成公司分别修建上海至枫泾及枫泾至杭州段，于1908年完工。杭州至宁波的铁路从宁波开始建至曹娥江边，因桥梁未能建成而停顿。

英国取得了天津至镇江的筑路权后，将天津至韩庄段让归德国承建。韩庄至镇江段归英国承建。1908年签订借款合同时，上海至南京铁路即将建成，遂将铁路终点由镇江改为南京对岸的浦口，此路改称津浦铁路，1912年建成。

1898年清政府向华俄道胜银行借款，建筑柳林堡至太原的1000毫米窄轨铁路，称为正太铁路，即现在的石太铁路，于1907年完工。

承建卢汉铁路的比利时银团（后改为俄法比银团）在建筑卢汉铁路的同时，承建开封经郑州至洛阳的铁路，称为汴洛铁路，为卢汉铁路的支线。1903年签订汴洛铁路条约，于1909年完工。这即是现在陇海铁路中的一段。

1903年清政府颁布《铁路简明章程》。撤

销中国铁路总公司，允许组织商办公司修建铁路。从1907年至1921年的14年内，建成了九江至南昌、齐齐哈尔至红旗营、斗山至北街、潮州至汕头、个旧至碧色寨以及漳州至厦门的铁路，都是较短的次要干线。

自北京至张家口的京张铁路是通往西北铁路干线的首段。清政府决定用官款自行建筑。这条铁路在詹天佑主持下，用了4年时间于1909年建成，全长201千米，是我国以自己的技术力量建成的第一条铁路。1912年至1923年间展筑至归绥（今呼和浩特市），称为京绥铁路。辛亥革命后，从1911年至1949年这38年内，修建铁路的技术力量有所发展。

1913年日本从中华民国政府取得修建满蒙5条铁路的特权，即四洮、开海、长洮3条铁路的借款权及洮承、吉海2条铁路的借款优先权。1918年第一次世界大战结束后，日本开始侵入中国整个东北地区，强占东北铁路。其中属于有借款权的有：吉长、四洮、洮昂、吉敦等线；属于有委托营业权的有：沈海、呼海、吉海、齐克、洮索及沈山等线；属于委托承建和经营的有敦图、拉哈、秦海等线。1935年，苏联把中东铁路作价让给伪满政权。此后日本将哈尔滨至长春段以及满洲里至绥芬河段分别于1935年、1936年和1937年改为标准轨距铁路。孟家屯（长春附近）至旅顺间原修建为1524毫米轨距的铁路，日俄战争后，俄国将宽城子（长春）以南的南满支线转让给日本，日本则于1904—1906年间将孟家屯至旅顺间铁路改为1067毫米轨距的窄轨铁路，1907年又改为1435毫米的标准轨距铁路。

1921—1930年，东北地方政府以地方拨款修建了沈海、呼海、吉海、齐克、洮索等线及大通支线。以上是中国东北地区从1911—1937

京张铁路

汴洛铁路

年日本军国主义发动全面侵华战争以前的铁路建设情况。

1912 年中国政府与比利时签订陇秦豫海铁路借款合同，将已建成的汴洛铁路向东展延至海州，向西展延至兰州，成为一条横贯东西的铁路干线，称为陇海铁路。这条铁路的开封至徐州段及洛阳至观音堂段于 1915 年完成。在第一次世界大战期间工程停顿。1921 年起由荷兰、比利时两国分别担任东西段的展筑工程。东段铁路及连云港港口工程由荷兰公司承建，于 1925 年通至海州；西段 1934 年通至西安，1936 年通至宝鸡。

1932 年山西省地方政府开始修建大同至风陵渡的南北同蒲铁路，采用 1000 毫米轨距，于 1935 年完成。北同蒲铁路自大同至太原在日本军国主义侵占时期改为标准轨距；南同蒲铁路自太原至风陵渡于 1956 年改为标准轨距。粤汉铁路的株洲至韶关段工程艰巨。1929 年中国政府派凌鸿勋主持修建，于 1936 年完工。从此，自武昌至广州的粤汉铁路全线通车，并与广九线接轨。

1930 年浙江省地方政府开始修建杭州至江山的杭江铁路，于 1933 年完成，并建成金华至兰溪支线。以后向西展延至江西省，称为浙赣铁路，于 1936 年通至南昌，1937 年通至萍乡，与株萍铁路连接。

1932 年中国政府决定修建芜湖至孙家埠铁路，后又建筑芜湖至南京段。1935 年自南京至孙家埠全线建成通车。1934 年中国政府为将淮南煤矿所产煤炭运至长江边，决定修建从田家庵至裕溪口铁路，称为淮南铁路，于 1935 年完成通车。

沪杭甬铁路的萧山至曹娥江段，于 1936 年继续修建，同时修建曹娥江桥，于 1937 年 11 月完成。1933 年浙江省地方政府为沟通钱塘江两岸交通，拨款兴建钱塘江桥，桥址在杭州闸口，为公路、铁路两用桥。于 1935 年开工，1937 年 9 月完成。至此，上海经杭州至宁波的沪杭甬铁路全线通车。当时中国全民抵抗日本侵略的战争已经开始。在抗战开始以

浙赣铁路

前不久，中国政府修建的铁路还有苏州至嘉兴的铁路以减少绕经上海的运输量，于1936年建成通车，后于1944年拆除。计划修建株洲至贵阳的湘黔铁路，于1937年开工，1938年从株洲铺轨至兰田后停工，并于1939年拆除。1936年开始修建重庆至成都的成渝铁路，仅完成一部分路基工程和个别隧道和桥墩即停工。

20世纪二三十年代中国修建铁路有了一定的自主权，有自己的技术力量，也有一些统一的技术标准，并开始有了制造机车车辆的能力。

1937—1945年抗日战争时期，中国政府修建的铁路主要有湘桂铁路、滇缅铁路、叙昆铁路、湘黔铁路和陇海铁路的宝鸡至天水段。湘桂铁路原计划从衡阳开始经桂林、柳州、南宁至友谊关（当时称为镇南关）。衡桂段于1937年10月通车，1939年12月通至柳州。后因战争原

因，柳州至南宁段在建成柳州至来宾段后即停工，南宁至友谊关一段亦仅建成友谊关至明江段。滇缅铁路是从昆明至中缅边境的铁路，采用1000毫米轨距，1940年从昆明至安宁段建成通车，安宁以西则因战争原因停工。叙昆铁路是从昆明至叙府的铁路，也是采用1000毫米轨距，到1941年建成昆明至沾益段后停工。湘黔铁路是从柳州至贵阳的标准

轨距铁路，线路横越云贵大山脉，工程艰巨，1939年开工，1944年从柳州至都匀段建成通车后即停工。陇海铁路宝鸡至天水段于1939年开工，1945年建成通车。当时陇海西段未被日军侵占，铁路仍维持运营，因为运营需要用煤，于1941年建成咸阳至同官煤矿的咸同支线。

1937—1945年，日本在侵占中国东北和华北等地区修建新线如下：在华北地区有北京至古北口铁路、石家庄至德州铁路、新乡至开封铁路、东观至潞安铁路等，共长608千米；在东北地区有图佳、拉滨、长白等线，共长4752千米；在海南岛有榆林港至北黎铁路及八所至石碌铁路等共长254千米。均为1067毫米轨距的窄轨铁路。

在台湾省，1907—1947年先后修建了台北至淡水、新竹至彰化等铁路，共长645千米；基隆至台北等复线109千米。轨距均为1067毫米。

中国从1876年修建第一条铁路到1945年这70年中，中国大陆共有铁路25523千米。到1949年可以通车的铁路为21989千米。

湘黔铁路

京包铁路

• 新中国时期

1949年中华人民共和国成立，从此中国修建铁路有了统筹的规划和统一的标准。

1949年随着解放战争从北向南推进，受到战争破坏的京包、陇海、京汉、南同蒲、浙赣、南浔及粤汉等铁路先后修复通车，并开展运输业务。1949—1981年的32年内共修建了38条新干线和67条新支线。为了加强既有线的运输能力，修建双线、扩建枢纽编组站、改善线路的平剖面及轨道结构、建设电气化铁路、设置自动闭塞，以及发展蒸汽、内燃、电力机车和车辆的制造业等，都取得了重大成就。

在1953—1957年的第一个五年计划期内，先后建成的铁路有：成都至重庆、天水至兰州、来宾至凭祥、丰台至沙城、

69

集宁至二连浩特、兰村至烟台、黎塘至湛江、宝鸡至成都以及鹰潭至厦门等铁路。1958—1962年的第二个五年计划期内，先后建成的铁路有：萧山至穿山、包头至兰州、南平至福州、北京至承德、兰州至西宁等铁路，并重建了柳州至贵阳的铁路。1963—1965年的三年调整时期，先后建成的铁路有：兰州至乌鲁木齐、贵阳至重庆等铁路。1966—1970年第三个五年计划期内修建的新干线有：贵阳至昆明、通辽至让胡路、成都至昆明等铁路。1971—1975年的第四个五年计划期内修建的铁路有：北京至原平、焦作至枝城、通县至古冶、株洲至贵阳等铁路。1976—1980年的第五个五年计划期内修建的铁路有：阳平关至安康、太原至焦作等铁路。1981年又建成北京至通辽、襄樊至重庆等铁路；枝城至柳州以及芜湖至贵溪等铁路亦相继完成。

以上新铁路干线的建成，使铁路先后伸展到烟台、宁波、福州、厦门、湛江等沿海城市和港口，继而又伸展到西北、西南边远地区，初步改变了中国过去偏重在东北地区和东部沿海地区的铁路布局，使大陆上各省省会和自治区首府（除西藏拉萨外）均有铁路同首都北京相连，

电气化铁路

并沟通沿海和内地之间的铁路运输。

　　新建的支线中，第一个五年计划期间建成的有平顶山、西户等线；第二个五年计划期间建成的有铁岭、法库、女儿河、丰城、洛宜、包白、新密等线；3 年调整期间建成的有泰肥、海拉、向乐、博新、北黑等线；第三个五年计划期间建成的有吉舒、娄邵、汤林线的伊乌段、牙林、符夹、镜铁山、吉兰太等线；第四个五年计划期间建成的有开阳、芜铜、宁菏、红会、东川、汝箕沟、郭查、漳坎、杭长、醴茶、盘西、长林等线；第五个五年计划期间建成的有万白、烟白、嫩林、宜珙等线；1981 年建成阜淮等线。

　　到 1981 年止，在原有铁路线旁增建第二线的双线工程主要有北京至上海、北京至衡阳以及其他铁路的运输繁忙区段。将原有铁路改建成电气化铁路以增加运输量的有宝鸡至成都、宝鸡至天水以及阳平关至安康等铁路。建成的枢纽共有 42 个，其中规模较大的有北京、郑州、武汉、天津、上海、沈阳、太原等，这些枢纽中包括 87 个编组站。这些枢纽根据运输的需要，还在不断扩建中。

钢轨

到 1981 年底止，全国大陆上铁路营业里程是 50181 千米，另有地方铁路 3725 千米。在这些铁路线上共有隧道 4493 座，长度总计 2010 千米，最长的隧道长 7.032 千米；共有桥梁 28945 座，长度总计 1344 千米。1949 年前，黄河上只有两座铁路桥梁，长江上则没有铁路桥梁。到 1981 年止，跨黄河的铁路桥梁共有 16 座，跨长江的铁路桥梁共有 7 座。其中南京长江桥最长，长 6772 米，32 年内中国铁路大修更换新钢轨共 41614 千米，钢轨类型逐渐加重，到 1981 年止，每米 50 千克的钢轨长度约占营业铁路总长的 50%。线路和桥梁等设施逐年进行改建和加强，铁路设备的技术标准也逐年提高。实际最高行车速度达到每小时 110 千米。

1949 年前，中国铁路用的机车车辆，极大部分依赖进口。1949 年以后，中国铁路逐渐建成机车车辆工厂。1952 年开始自制蒸汽机车，1958 年开始自制内燃机车，1960 年开始自制电力机车。到 1981 年止，3 种机车的总台数为 1949 年的 2.5 倍；客车的总辆数为 1949 年的 4 倍，货车的总辆数为 1949 年的 5.7 倍。主要干线上的列车牵引总重由 1949 年的 1600 吨提高到 1981 年的 3500 吨。

随着国民经济的发展，中国铁路承担的客货运量也逐年增长，到 1981 年，中国铁路承担的年客运量为 9.53 亿人，占当年全国现代化旅客运输的 24.3%，为 1949 年的 9.2 倍；承担的年货运量为 10.77 亿吨，占当年全国现代化货物运输的 49.4%，为 1949 年的 19.2 倍。

"先行"号电传动内燃机车

中国火车发展历史 >

• 1958年"巨龙号"内燃机车设计时速,100千米

　　中国第一台自己制造的内燃机车是1958年大连机车车辆工厂仿照苏联T3型电传动内燃机车试制成功的。它就是"巨龙"号电传动内燃机车,后经过改进设计定型,命名为东风型并成批生产。同年,北京二七机车厂试制成功"建设"号电传动内燃机车,戚墅堰机车车辆厂试制成功"先行"号电传动内燃机车,但这两种车都没有批量生产。四方机车车辆工厂也于1958年开始设计,1959年试制成功中国第一台液力传动内燃机车,当时命名为"卫星"号,代号NY1。后经过长期试验和多次改进,定型为东方红型,于1966年成批生产。

• 1964年"东方红"1型内燃机车,设计时速120千米

　　东方红1型是四方机车车辆工厂1959年试制,1964年批量生产的干线客运内燃机车,机车按双机联挂设计,也可以单机使用。前73台的机车标称功率是1060kW,最大速度140km/h,车长16550mm,轴式B-B。后36台的机车标称功率增加到1220kW,最大速度降为120km/h,其他不变。东风系列是电传动内燃机车,也是中国内燃机车的主力,保有量占国产内燃机车总数的一半以上。"东风"是个大家族,有东风、东风2、东风3、东风4、东风5、东风6、东风7、东风8、东风9、东风10、东风11、东风12、东风21米轨。

73

- 1969年"韶山"1型电力机车,设计时速90千米

韶山 SS1 型电力机车,1969 年开始批量生产,到 1988 年止,共生产 826 台。机车持续功率 3780kW,最大速度 90km/h,车长 19400mm。韶山 1 型电力机车获全国科学大会奖。SS1 型机车性能不但稳定,而且运行时十分安静,直到现在该型机车还在全面使用中,并且已经成为电力机车中的一个黄金经典。SS1 型电力机车是我国的第一代电力机车。具有相当的历史意义和价值。也是我国第一代轨道牵引的绿色动力。现在为客货两用型机车。但货物运输占主要。SS1 型电力机车被车迷称为:"芍药"。

- 1974年"东风"4型内燃机车,设计时速120千米

东风 4 型内燃机车是大连机车车辆工厂 1969 年开始试制的大功率干线客货运内燃机车,1974 年转入批量生产。DF4 型内燃机车是我国铁路运输的主力内燃机车,担当着客运和货运的运输任务。是东风系列及中国内燃机车中的经典车型。该车从首台下线使用开始距今已超过 30 年的历史,至今仍然在使用当中,而且数量仍然相当庞大。即便是我国铁路已经走进铁路电气化的今天,他的地位依然没有动摇,甚至在某些地区,他仍然是运输的主力。现在我们所见到的东风系列内燃机车,基本上都是以 DF4 型机车作为平台而设计制造的,可见 DF4 型内燃机车在中国铁路史上有着重要的地位。

东风4型内燃机

四轴液力传动干线客运内燃机

- 1975年"北京号"内燃机车,设计时速120千米

北京型内燃机车是北京二七机车工厂 1970 年开始试制,1975 年批量生产的四轴液力传动干线客运内燃机北京单节型内燃机车(现在中国铁道博物馆)。机车标称功率 1500kW,最大速度 120km/h,车长 15045mm,轴式 B—B。北京型机车有 3 个品种,一种就是 4 轴单节型,这种单节的北京型机车被车迷昵称为"小北京";另一种就是 8 轴双节重联型,这种双单节的北京型机车共生产了 6 组 12 台,被车迷昵称为"大北京";第三种是北京 6001 型轴式 D—D 只生产了 1 台,不久便拆解改造成两台"小北京"。

东风11型内燃机车

- 1992年"东风"11型准高速内燃机车，设计时速170千米

东风 11 型内燃机车，是为广深线开行时速 160 千米旅客列车而研制的准高速客运内燃机车。机车标称功率 3040kW，最高运行速度为 170km/h。1991 年底完成试制后，先后通过了型式试验、研究性试验和 15 万千米线路运用考核试验，最高试验速度为 186km//h，牵引 13 辆客车，最高速度达 162km/h。1994 年 12 月 22 日广深线正式开通，由东风 11 型内燃机车担当准高速旅客列车的牵引任务。东风 11 型内燃机车的研制成功和大范围投入运用，是我国客运内燃机车技术发展新阶段的一个重要标志，开创了我国铁路客运向高速发展的新时期。火车迷昵称为"狮子头"。

- 1994年"韶山"8型电力机车，设计速度170千米

韶山 8 型于 1994 年 10 月成功试制 2 台，是中国第八个五年计划期间国家重点科技攻关项目。以 1990 年制造的韶山 5 型机车作为原型基础，同为采用 Bo—Bo4 轴及 4 台直流牵引电动机，功率 3200kW，主要用于准高速干线客运，最大运行速度为 170km/h。在试验中最高更达到 240km/h，是当时全中国速度

最快的铁路机车。1997年开始批量生产，并做出改良，功率提升至3600kW和应用了串励式直流电动机。

韶山5型机车

• 2000年"神州号"内燃动车组，设计时速180千米

NZJ2型"神州号"内燃动车组是中国铁路的准高速内燃动车组车款之一，属于动力集中式，采用推拉式设计。由于车头外形和涂装的特点，神州号又被戏称为"大白猫"。这款动车组由大连机车车辆厂、长春轨道客车车辆厂、四方机车车辆厂和北京铁路局联合研制，采用双层客车设计，属于动力集中式双层内燃动车组，每列编组形式为2动10拖，其中双层软座车1辆、双层硬座车9辆，以头尾每端各一台柴油机车推挽式重联牵引，构造速度为180km/h，在秦沈客运专线上小编组（两动四拖）试验运行时最高速度达210km/h。

"神州号"内燃动车组

- 2001年"先锋号"电力动车组,设计时速250千米

"先锋号"在 2000 年完成组装并通过了铁道部验收,2001 年 5 月出厂。2001 年 10 月 26 日至 11 月 16 日期间在广深线进行试验,创出当时中国国内的最高速度 249.6km/h。2002 年 9 月 10 日在秦沈客运专线进行的测试中,又创出最高时速 292.8 千米的纪录。"先锋号"于 2007 年 7 月 7 日起到 2009 年 9 月 30 日开始担当成渝(成都—重庆北)城际特快列车,经由达成铁路、遂渝铁路运行,最高营运速度被降至 160 千米/小时。目前"先锋号"已经退出成渝线城际列车运行,而其地位被新配属重庆北客运段的 CRH1 型动车组代替。

- 2002年"中华之星"电力动车组，设计时速270千米

2002 年 9 月，"中华之星"动车组各节动力车及拖车于中国国家铁道试验中心北京环行铁道进行最后组合，并开始编组调试。2002 年 11 月 27 日，以 2 辆机车及 3 辆客车的短编组"中华之星"在新建的秦沈客运专线进行高速试验，其最高速度创造了当时的"中国铁路第一速"321.5km/h，成为轰动一时的时事。"中华之星"正式配属沈阳铁路局，2005 年 8 月 1 日起"中华之星"正式投入载客运营，担当来往沈阳及山海关的临时准高速列车，车次为 L517/8 次，其最高运营速度限制为 160 km/h。

- 2006年"和谐号"CRH1型电力动车组，设计时速250千米

CRH1 型电力动车组，是铁道部为进行中国铁路第六次大提速，于 2004 年起向庞巴迪运输和青岛四方庞巴迪铁路运输设备有限公司订购的 CRH 系列高速电力动车组车款之一。铁道部将所有引进国外技术、联合设计生产的中国铁路高速（CRH）车辆均命名为"和谐号"。第一组 CRH1A 列车于 2006 年 8 月 30 日在青岛出厂，2007 年 2 月 1 日起，CRH1A 动车组正式在广深线投入载客试运行，首发车次为 T971 次，由广州东站出发前往深圳站。列车采用交流传动及动力分布式，标称速度为 200 千米 / 小时，持续运营速度为 200 千米 / 小时，最大运营速度为 250 千米 / 小时。

79

• 2006年"和谐号"CRH2型电力动车组,设计时速250千米

2004 年 10 月 20 日,川崎重工代表"日本企业联合体"与中国铁道部在北京签订出口铁路车辆、转让技术的合同,总价值 93 亿元人民币,订单中首批 60 列时速 200 千米级别动车组随后被正式定型为 CRH2A(CRH2-001A—CRH2-060A)。2007 年 1 月 28 日起,首 10 组 CRH2A 动车组正式开始在沪杭线及沪宁线间投入载客试运营。在中国铁路第六次大提速实施前,列车营运最高时速被限制在 160 千米之内,至同年 4 月 18 日"六提"实施后最高运营时速提高至 250 千米。

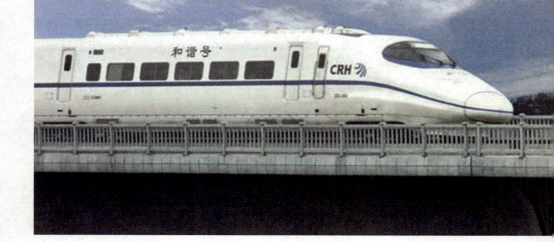

"和谐号" CRH3型电力动车

• 2008年"和谐号"CRH3型电力动车组，设计时速350千米

CRH3 列车的原型为德国铁路的ICE-3 列车（西门子 Velaro），中国以引进西门子公司先进技术并吸收的方式，由中国北车唐山轨道客车在国内生产实现国产化。2005 年 11 月，中国铁道部与德国西门子在"以市场换技术"的原则下签订协议，西门子因而获得 60 列时速 300 千米的高速列车订单，总值 6.69 亿欧元（原型车每列 2.5 亿元人民币，技术转让费8000 万欧元），最终被定型为 CRH3C。

• 2006年"和谐号"CRH5型电力动车组，设计时速：380千米

2004 年 8 月，铁道部展开用于中国铁路第六次大提速、时速 200 千米级别的第一轮高速动车组技术引进招标，阿尔斯通是中标厂商之一，获得了 60 组高速列车的订单。2004 年 10 月 10 日，铁道部和阿尔斯通正式签订总值 6.2 亿欧元的合同。根据合同，阿尔斯通将 7 项高速列车的关键技术转移给中国，并有 3 组列车会在阿尔斯通位于意大利的工厂组装，并完整付运予中国；另有 6 组以散件形式付

81

运，由中方负责组装；其余51组透过法国的技术转移，由长春轨道客车在国内生产。这批高速列车随后正式定型为 CRH5A，是目前 CRH5 系列中的唯一一车型。

• 2010年"和谐号"CRH380A型电力动车组，设计时速380千米

CRH380A 型电力动车组，或称 CRH2-380 型，是铁道部为营运新建的高速城际铁路及客运专线，由南车青岛四方机车车辆股份有限公司在 CRH2C（CRH2-300）型电力动车组基础上自主研发的 CRH 系列高速动车组，也是"中国高速列车自主创新联合行动计划"的重点项目，最高营运速度380千米/小时。中国铁道部将所有自行发展关键技术、引进国外技术、联合设计生产的中国铁路高速（CRH）车辆均命名为"和谐号"。

• 2010年 "和谐号" CRH380B型电力动车组设计时速380千米

CRH380B 型电力动车组（或称 CRH3-380 型），是铁道部为营运新建的高速城际铁路及客运专线，由中国北车集团唐山轨道客车有限责任公司、长春轨道客车股份有限公司在 CRH3C 型电力动车组基础上自主研发的 CRH 系列高速动车组。

2011 年 1 月 9 日下午，唐山厂制造的国产新一代时速 380 千米 "和谐号" CRH380B 动车组，在京沪高速铁路徐州至蚌埠先导段的运行试验中，创出 487.3 千米的中国铁路第一时速，再次刷新世界运营铁路的最高试验速度。

● 火车站

简介 〉

　　火车站，又称铁路车站或简称铁路站，是供铁路列车停靠的地方，用以搬运货物或让乘客乘车。月台可粗略地分岛式月台、侧式月台、港湾式月台、跨站式站房、特殊车站、号志站。早期的车站通常是客货两用。这类车站现在仍然有，但是在欧美，货运一般已集中在主要的车站。

　　大部分的铁路车站都是在铁路的旁边，或者是路线的终点。车站内有月台（平台、站台）方便乘客乘降。部分铁路车站除了供乘客及货物上落外，还有供机车及车辆维修或添加燃料的设施。多间铁路公司一起使用的车站一般称为联合车站或转车站。有时转车站亦指可供与其他交通工具（如电车、公共汽车或渡轮）转乘的车站。

历史发展 ＞

　　史托顿及达灵顿铁路是世上第一条商营铁路，但由于它是用来运货，所以并没有正式的火车站。第一个真正的铁路车站应该为1830年开通的英国利物浦及曼彻斯特铁路而建的。现在在曼彻斯特、利物浦路车站被保留作为科学博物馆。欧美国家现存的铁路车站大多建于19世纪。这些车站反映了当时的建筑风格。它们规模宏伟，建筑得美轮美奂，是铁路公司以至整个城市的瑰宝。但也可以说，它门是当时的铁路公司及大城市炫耀财富的方法。有些国家建设铁路的时间较迟，但仍然喜爱模仿19世纪时的建筑。铁路车站的建筑有不同的方式，由尽显宏伟的巴洛克式，到实用主义及现代主义都有。最近兴建的铁路车站很多都和机场类似，外表表现冷酷及抽象。

中国发展 >

已有百年历史的碧色寨车站位于云南省蒙自县城北10千米的草坝镇碧色寨村山梁上，居犁耙山东麓，占地2平方千米，是中国最早的火车站之一。

碧色寨车站是鸦片战争后法国根据1903年《中法会订滇越铁路章程》修建的滇越铁路，和中国修建的个碧石铁路、米轨与寸轨交会换装的一个车站，是帝国主义侵略中国及中国人民与侵略者抗争而修筑的最早、曾经"繁荣"一时的一个火车站，对研究中国铁路史、进行爱国主义教育都具有重要的历史意义和现实意义。1987年12月21日公布为云南省重点文物保护单位，现在还保存原貌，整个车站都属保护范围。

中国10个特大火车站 >

1.北京 中国的首都，全国铁路的中心。有京沪高铁、京广客专、京哈客专、京九、京包、京包二线（北京—张家口—集宁—包头）、京让（北京—赤峰—通辽—让湖路）、京锡（北京—锡林浩特）、环渤海城际等铁路交会。

2.天津 中国北方经济中心。有京沪高铁、京津城际、津保、津秦等京津冀铁路交会。

3.上海 全国的经济中心，中国最大的城市，国际大都市。长三角城际交通中心，有京沪高铁、沪昆客专、沪蓉、沪广（上海—杭州—宁波—福州—深圳—广州）、沪青（上海—南通—盐城—连云港—日照—青岛）、长三角城际等铁路交会。

4.广州 中国南方的国际门户，珠三角城际交通中心，有京广客专、沪广、广贵、

广南（广州—南宁）、珠三角城际等铁路交会。

5.武汉 素有"九省通衢"之称，华中城际交通中心，有京广客专、沪蓉、武渝（武汉—安康—重庆）、武温（武汉—九江—衢州—温州）、华中城际等铁路交会。

6.西安 西部最大的交通枢纽，是中国铁路枢纽之一，全国铁路客运特等站，

联系甘陕、川渝、青藏、新疆、宁夏、内蒙古，战略位置十分重要。

7.南京 六朝古都，长三角重要的交通枢纽，有京沪高铁、沪蓉、宁烟（南京—扬州—淮安—临沂—烟台）、宁九（南京—芜湖—安庆—九江）、宁安（南京南站—江宁南站—马鞍山东站—当涂东站—安庆站）长三角城际等铁路交会。

8.成都 天府之国，西南重要的交通枢纽，有沪蓉、兰昆、成贵、宝成、西成、成渝城际、成绵乐城际等铁路交会，并规划了成格（成都—格尔木）、川藏（成都—波密）等线路。

9.郑州 被称为"火车未来的城市"，全国铁路网重要的中心枢纽，中原城际交通中心，有京广客专、陇海客专、中原城际等铁路交会。

10.沈阳 东北重要的交通枢纽，有京哈客专、沈大（沈阳—大连）客专、沈丹客专、哈沈（哈尔滨—吉林—沈阳）、沈大（沈阳—大板）、环渤海城际等铁路交会。

车轮上的现代化

CHE LUN SHANG DE XIAN DAI HUA

火车站之最 ❯

以乘客数目来算，最繁忙的铁路车站是日本东京的新宿站。跟新宿只有数分钟之遥的池袋站则是第二繁忙。以面积计算，日本的名古屋站是最大的。但是，车站的面积还包括了两幢商业大厦及地下商场。车站本身的范围其实并非特别大。新宿站的面积排行第二。若以月台数目计算，最大的车站是美国纽约市的大中央车站，共有44个月台、67条路轨。此站是全世界最繁忙的车站之一。

终点站 ❯

铁路终点站是铁路路线完结或开始的地方。在终点站，乘客可能无需越过路轨就可以来往月台。这种车站在欧美最常见，日本等亚洲国家不常使用。铁路终点站往往同时是列车行驶路线的终点，但有时也有例外。如果列车需要继续往下一站，它就必须倒退离开。有时列车到了不是终点站的车站，也会需要倒退开出。

倒车经常使乘客，特别是那些陌生的旅行感到迷惑。他们可能以为列车已到了终点，正在回程。但其实列车通常都会在一个交会点转向真正的目的地。也有些乘客喜欢跟列车的行驶方向一致的座位，当列车倒行，他们便得寻找新的座位。因此有些客车厢的座位是设计成可以改变方向的。

分类 〉

1.按作业性质

火车站按作业性质分为客运站、货运站、用来编组的编组站和客货功能兼备的客货运站4种。

2.根据列车作业的性质

根据列车作业的性质可分为编组站、区段站、中间站、越行站和会让站5种。此外还有为工矿企业服务的专业化的车站。

客运站功能主要是从事客运业务和客车行车与整备作业。根据需要设置若干到发线和站台，以及客运站房。在大型客车站还配备有检修和清洗列车等作业的整备场。

货运站功能主要是从事货运业务，包

括货物承运、装卸作业和货物列车的到发作业。根据需要设置若干到发线、编组线和货物库场、库房等设施。

客货运站是同时从事客运与货运的车站。客运站与货运站的布置形式基本分两种：一是通过式的客、货运站，其正线和到发线是贯通的，客运站房和货运库场布置在铁路的一侧；二是尽头式客、货运站，其到发线是尽头式的，客运站房和库场设于到发线的终端或一侧。

进行技术作业的编组站专门从事列车的编组和解体，以及车辆与列车的其他技术性作业。配备有机务段和车辆段、到发线、调车线、牵出线和驼峰等设施。

区段站则设于牵引区段分界处的车站，主要从事列车技术检查、机车的换挂、区段零担摘挂列车和小运转列车的改编等作业，配备有机车段、车辆段，以及到发线、调车线和牵出线等设施。

中间站主要从事单线铁路列车的会让和双线铁路的越行作业，配备有到发线、货物线和牵出线等主要设施。铁路车站发展趋势是作业集中化，设备、设施现代化和操作自动化。

3.车站按业务量地理条件划分

车站按业务量、地理条件划分为

特、一、二、三、四、五等站。

为衡量车站客货运量和技术作业量大小，以及在政治上、经济上和铁路网上的地位所划分的不同等级，称为车站等级。

对以单项业务为主的客运站或货运站及编组站，根据铁道部文件，按下列条件划分特、一、二等站。

1.具备下列三项条件之一者为特等站：

（1）日均上下车及换乘旅客在6万人次以上，并办理到达、中转行包在2万件以上的客运站。

（2）日均装卸车在750辆以上的货运站。

（3）日均办理有调作业车在6500辆以上的编组站。

2.具备下列三项条件之一者为一等站：

（1）日均上下车及换乘旅客在1.5万人次以上，并办理到达、中转行包在1500件以上的客运站。

（2）日均装卸车在350辆以上的货运站。

（3）日均办理有调作业车在3000辆以上的编组站。

3.具备下列三项条件之一者为二等站：

（1）日均上下车及换乘旅客在5000人次以上，并办理到达、中转行包在500件以上的客运站。

（2）日均装卸车在200辆以上的货运站。

（3）日均办理有调作业车在1500辆以上的编组站。

对办理客、货业务及货物列车编解等技术作业的综合性车站，以下列条件划分。

1.具备下列三项条件之二者为特等站：

（1）日均上下车及换乘旅客在2万人次以上，并办理到达、中转行包在2500件以上的。

（2）日均装卸车在400辆以上的车站。

（3）日均办理有调作业车在4500辆以上的车站。

2.具备下列三项条件之二者为一等站：

（1）日均上下车及换乘旅客在8000人次以上，并办理到达、中转行包在500件以上的。

（2）日均装卸车在200辆以上的车站。

（3）日均办理有调作业车在2000辆以上的车站。

3.具备下列三项条件之二者为二等站：

（1）日均上下车及换乘旅客在4000人次以上，并办理到达、中转行包在300件以上的。

（2）日均装卸车在100辆以上的车站。

（3）日均办理有调作业车在1000辆以上的车站。

4.具备下列三项条件之二者为三等站：

（1）日均上下车及换乘旅客在2000人次以上，并办理到达、中转行包在100件以上的。

（2）日均装卸车在50辆以上的车站。

（3）日均办理有调作业车在500辆以上的车站。

自动售票机

5.办理综合业务,但按核定条件,不具备三等站条件者为四等站。

6.只办理列车会让、越行的会让站与越行站、均为五等站。

核定车站登记可考虑车站所在地的政治、经济、文化、外交和运输布局的需要,如首都、中央直辖市及个别省会或首府所在地的车站,可酌定为特等站;省会或首府所在车站及重要的国境站、口岸站,可酌定为一等站或二等站;工矿企业比较集中地区的车站及位于三个方向以上并担当机车更换、列车技术作业的车站,可酌定为二等站或三等站。

基本设施 〉

1.售票处

小站现在很多已设自动售票机,如无此项设施又没有人售票,车票通常可向车上站台购买。中、大型火车站必有售票处,有时它们会合并卖票与火车路线和资料查询于一身,有时两种职能会分配给不同柜台处理。大型火车站甚至分国际(跨境)票与国内票的售票处,乘客千万要弄清楚不要排错队。欧洲之星等特种列车,大多另设办事处及售票处。车站售票职员普遍能说英语,某些车站的职员甚至配戴有所通晓语言的国旗小章。

车轮上的现代化

CHE LUN SHANG DE XIAN DAI HUA

2.乘客中心

大型火车站会设有独立乘客中心,解答一切行程、线路问题。该处人员都不会兼理票务;他们不等同旅客中心,所以旅游问题在此不会受理。这种独立乘客资料中心,往往具备多种线路小册子供索取,某些国家甚至可提供连接火车网络的巴士资料。

3.候车处

大堂及月台均有等车房间,在冰冻季节那是免你惨受风寒的地方。但不鼓励火车旅游人士在该房间过夜,原因事部分火车站夜晚关闭,就算大堂会24小时开放,那里的安全也无人可保证。

4.储物柜/行李存寄

大部分火车站均设有储物柜,并附有3种尺码任君选择,24小时租用费用2欧元起,最多只可储物72小时,过期后车站职员有权取出寄存物品。使用储物柜需自己投入硬币来办理,先放好行李,关门后再投入24小时费用,柜门会自动上锁,接着硬币孔下机器会印出收据,上面有开柜取行李的密码。若回来时已过24小时,就需补加费用才能开柜。大火车站的储物柜非常多,使用时要谨记自己所租用的位置编号,免得到时取行李大费周章。至于不合储物柜尺寸的行李,则可放在寄存中心,它们收费按日及按件计,费用比储物柜所需的昂贵。瑞士和德国的火车站都设托运服务,可先把不需要用的行李寄运下一站,旅途更加轻松自由。

5.失物认领处

大多逢星期一至星期五,朝九晚五办公。如果在这些时间后要联络该处,可转找火车站经理帮忙。

6.急救室

中、大型火车站都设固定急救室,通常也免费为旅客服务。同样,大堂若找不到急救设施,亦可联络火车站经理,其办公室内起码会有急救箱。

7.洗手间/沐浴间

除了偏远乡镇小站,洗手间是必有的设备,且都免费。大城市火车站,特别是连接国际及长途路线者,会有淋浴间,可是要另收取费用。

8.报刊亭/小食亭

此类在稍具规模的火车站也可找到。大总站甚至有旅客咨询中心、超市、餐厅和找换店。不过餐饮会略贵,外币兑换率亦绝不及市内银行般好。

9.自动取款机、自动售票机、餐厅、旅馆等。

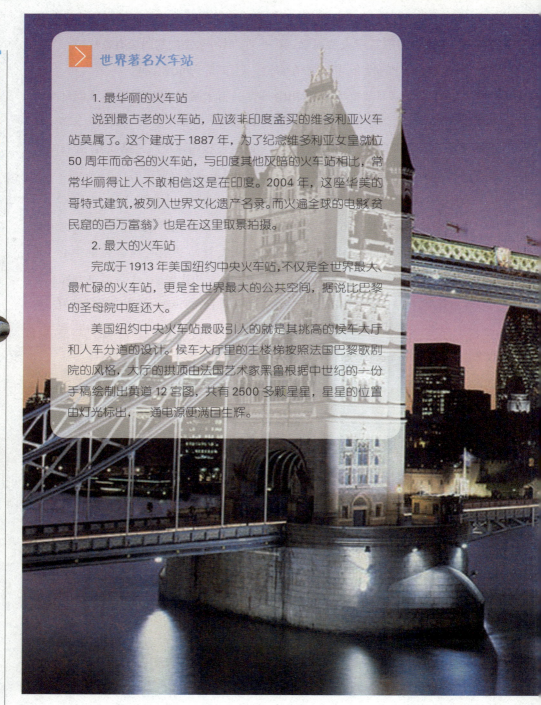

世界著名火车站

1. 最华丽的火车站

说到最古老的火车站，应该非印度孟买的维多利亚火车站莫属了。这个建成于 1887 年，为了纪念维多利亚女皇就位 50 周年而命名的火车站，与印度其他灰暗的火车站相比，常常华丽得让人不敢相信这是在印度。2004 年，这座华美的哥特式建筑，被列入世界文化遗产名录。而火遍全球的电影贫民窟的百万富翁》也是在这里取景拍摄。

2. 最大的火车站

完成于 1913 年美国纽约中央火车站，不仅是全世界最大、最忙碌的火车站，更是全世界最大的公共空间，据说比巴黎的圣母院中庭还大。

美国纽约中央火车站最吸引人的就是其挑高的候车大厅和人车分道的设计。候车大厅里的主楼梯按照法国巴黎歌剧院的风格，大厅的拱顶由法国艺术家黑鲁根据中世纪的一份手稿绘制出黄道 12 宫图，共有 2500 多颗星星，星星的位置由灯光标出，一通电源便满目生辉。

3. 最浪漫的火车站

看过《魂断蓝桥》的朋友是否对英国伦敦滑铁卢火车站有印象呢？剧中 Roy Cronin 和 Myra 在这里首次相遇便一见钟情。作为英国最大的车站，滑铁卢火车站面积达 24.5 顷。它是连接伦敦和西南地区的列车站，同时也是"欧洲之星"的始发和终点站。

4. 最简约可爱的火车站

位于日本著名的"樱花之乡"的秋田县角管火车站，建筑风格带有明显的日式特色，但简约得就像一户居民小院一般。简单的候车室，和我们很多地方的汽车站候车室有那么几分相似。印有哆啦A梦的火车车厢，不仅是游客们的最爱，更是当地人引以为傲的特色之一。几乎没有哪个女生看到这列火车时不发出兴奋的欢呼声。

5. 最气派的火车站

有人说柏林中央火车站是"世界上最漂亮的火车站"，这座历时 10 年、耗资 130 亿欧元建成的五层钢结构玻璃建筑，已经成为了柏林一座新的地标。金碧辉煌的内部构造，与器宇轩昂的外部景观相辅相成。

火车票

世界火车票的历史 〉

　　1830年9月15日开始运营的利物浦—曼彻斯特铁路，已经定期开行旅客列车。第一张火车票就诞生在1830年9月17日，即利物浦—曼彻斯特铁路正式运送旅客之时。这张车票长88毫米、宽60毫米，车票上只印有站名，而发车时刻、乘车日期及发行者签名均由售票者书写。与此同时还发行了开业纪念的特别站台票。从此以后，陆续开业的铁路纷纷效法利物浦—曼彻斯特铁路，发行了大小各异的各式火车票。虽然有的车票上除印有站名外还印上了公司的名称或乘车等级，但发车时刻、乘车日期及其他必要事项仍由售票者填写。此外，各铁路公司对自己的董事则发行了用象牙或金银制作的终身免票，以显示他们的特权。

　　随着铁路的优越性日益显著，乘坐火车的旅客越来越多，靠售票者逐张填写车票的办法显然落后了。于是，世界著名的埃多蒙桑式车票——即硬板式车票便应运而生。埃多蒙桑式车票用厚卡纸印制，尺寸为2英寸×1英寸（57毫米×30毫米）。

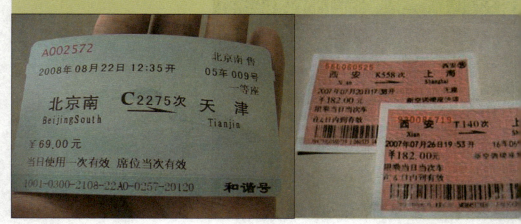

60、70年代火车票

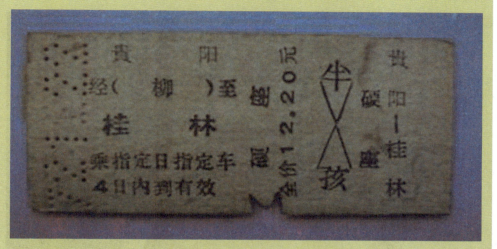

由于埃多蒙桑式车票简便易行，很快被英国各铁路公司所采用。1841年法国的巴黎—里昂铁路开业亦采用了埃多蒙桑式车票。以后，这种硬板式车票风靡世界，并逐渐演变为今日的标准型车票。

埃多蒙桑式车票并未涉及到颜色，后来英国四大私有铁路达成协议，规定一等车票为黄色或白色，二等车票为绿色或蓝色，三等车票为褐色、赤褐色或绿色，犬用车票为红色，其他车票则使用橙色。这项协议后来又纳入了欧洲国际铁路联盟关于国际车票的规程。从第一张火车票的诞生到今天已有180多年的历史，埃多蒙桑式车票一直占据统治地位，经久不衰。

中国火车票的历史 〉

新中国成立后，中国铁路的第一代火车票是硬板式火车票，尺寸为57毫米×25毫米，票面印有盲文。火车有快车、慢车之分，快车的车票票面印有一条红线，特快车的车票票面印有两条红线。票面底纹的颜色分别规定为：软座车票为浅蓝色，硬座车票为浅红色，市郊车票为浅紫色，简易车票为浅绿色，棚车车票为橙黄色等等。

20世纪80年代，中国的深圳火车站率先使用计算机售票，车票也改为软纸式火车票。1997年，铁道部确定了计算机车票的统一式样。这种电子车票不是事先印制好的，而是在售票时采用非击打式打印技术的热转出票机现场打印。

自动售票机

2007年7月起，沿用了100多年的硬板式火车票逐渐退出历史舞台，完全被全国联网的电子车票取代。目前，凡是实行计算机联网售票的车站，都可以发售软纸式火车票。

从2008年开始，国内部分大中型城市的火车站陆续发售磁卡式火车票。这种闪烁着银色金属光泽的磁卡式火车票为一次性车票，票面硬度比软纸式火车票更高，车票正面印有动车组图案，车票背面印有铁路旅客乘车须知。在售票时采用非击打式打印技术的热转出票机现场打印，并在车票背面植入磁性信息和热敏信息。目前，国内很多城市的火车站均采用磁卡式火车票发售动车组列车车票和普通列车车票。

中国铁路火车票简介 ＞

车票票面包含7个要素：1.车次；2.发站与到站；3.座别、卧别；4.乘车日期；5.票价；6.有效期；7.径路。

火车票，是铁路运输合同的基本凭证，旅客应当根据自己旅行的需要，坐什么车买什么票。火车票中包括客票和附加票两部分。客票部分为软座、硬座。附加票部分为加快票、卧铺票、空调票。火车票票面上包含多种信息，包括车次、开车时间、座位号、座位等级、票价、发售车站等信息。中国铁路的火车票，经历了从硬板式火车票到软纸式火车票再到磁卡式火车票的变化。

中国铁路火车票上的车次，有以C（读作"城"）打头的车次、以D（读作"动车"）打头的车次、以G（读作"高"）打头的车次、以N（读作"内"）打头的车次、以Z（读作"直"）打头的车次、以T（读作"特"）打头的车次、以K（读作"快"）打头的车次、以L（读作"临"）打头的车次、以Y（读作"游"）打头的车次和不带字母打头的车次等十余种。

中国幅员辽阔，开行的长途旅客列车往往在途中需要转几个方向，为了保证行车安全，维护运输秩序和车次编码

的规范化，铁道部规定：全路向北京、支线向干线或指定方向的为上行方向，车次编为双数；全路驶离北京、干线向支线或指定方向的为下行方向，车次编为

101

单数。例如，从上海开往北京的车次有5次，分别是D314次、D322次、D302次、T104次和T110次，而从北京开往上海的这5次列车的对开列车的车次相对应的就是D313次、D321次、D301次、T103次和T109次。在中国，从上行变为下行，又从下行变为上行的情况很常见，这时车次的编次情况就比较复杂。例如，从上海开往哈尔滨的K56/K57次，从上海站始发时为上行方向的K56次，到天津站后，改为下行方向的K57次后开往终点站哈尔滨站。从哈尔滨开往上海的K58/K55次，从哈尔滨站始发时为上行方向的K58次，到天津站后，改为下行方向的K55次后开往终点站上海站。所以这两次车在全国旅客列车时刻表上的车次就是K56/K57次和K58/K55次。另外还需要注意的是，在改变车次前后的区间内，车次自成1对。

中国的火车票上都会印有一些提示语，例如"限乘当日当次车 在N日内到有效（N为一个阿拉伯数字）""限乘当日当次车 中途下车失效""限乘当日当次车 开车后改签不予退票""限乘当日当次车""当日使用一次有效 席位当次有效""当日使用一次有效"等，这些提示语都有一定的含义。中国的火车票上最常见的提示语是"限乘当日当次车 在N日内到有效""在N日内到有效"的意思是指旅客在中途车站下车，再恢复旅行的时限是N日。在这N日内，这张未到达终点站的火车票是有效的，旅客可以凭这张火车票恢复旅行，不需要重新购票。火车票上标注"N日内到有效"的初衷是方便旅客乘车，减少旅客的旅行支出。比如说从大连到哈尔滨，中途经停沈阳站，如果旅客需要到沈阳下车办事，他只需要到沈阳站办理改签手续，就可以在规定的日期内继续乘车前往终点站，不需支付额外的费用。

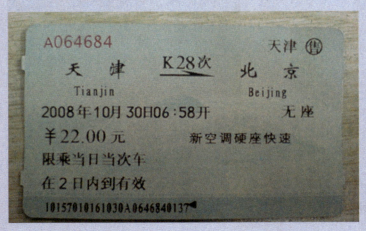

• 乘坐火车安全知识

火车是人们外出旅行最常用的交通工具，虽然坐火车旅行相对比较经济也比较安全，但发生在火车上的意外事故也为数不少，因此，家长及学校教师都应该了解一些坐火车可能发生的危险。

(1) 上下车时

其实列车的出入口在设计时就已考虑到了旅客上下车的方便及安全问题，当列车停靠在正式站台时，旅客的上下一般不存在什么危险。不安全因素往往发生在以下情况：第一是人群拥挤，抢上抢下；第二是不等列车停稳而争下，列车启动后争上；第三是不在站台内上下，列车扶梯离地面较高；第四是从车窗上下，等等。由于以上这些行为违反了列车上下车的安全要求，因而也是乘火车旅行最易发生意外事故的环节。

(2) 在车厢内

一般客车车厢内是不存在危险因素的，但在两节车厢连接处却存在着较大危险，这是由于车厢连接处在列车运行中处于不稳定状态，由于车体的震动和惯性撞击使相连的两节车厢时时处于上下错动、互相碰撞的状态，当旅客处于连接点时，很可能伤及手、脚，遇有路段不好或刹车时还可能造成更大伤害。

(3) 急刹车时

列车遇有紧急情况需停车时，必然要采取紧急刹车，由于列车是一个几千吨重的庞然大物，其运行时的惯性是十分大的，因此一旦紧急刹车必然会有一个很大的向前冲击的力量。那么，处于车厢内的人和

103

列车脱轨

(6) 列车脱轨

由于种种原因造成的列车脱轨事故往往会使整列列车颠覆，形成恶性事故。由于列车颠覆又会引发火灾、爆炸、坠河等，因而危及旅客人身安全。

物体也必然会失去平衡，人会跌倒、碰撞，也会被行李物品砸伤，甚至产生更严重的伤害。

(4) 车窗破坏

列车在行进中如果车窗玻璃突然碎裂，其伤害力是很大的，飞进的玻璃片会像把飞刀砍向人们的头部，必然会造成严重的伤害事故。当列车运行在峡谷地带和遇有大风暴时，车窗玻璃往往容易被流石击中，当然也可能是路旁的顽童恶作剧所为。

(5) 列车失火

列车失火事故并不罕见。由于一些旅客不遵守关于禁止携带易燃品、易爆品和危险品上车的规定，将"三品"带进列车，在行车途中或产生燃烧或摩擦爆炸，极易酿成火灾。另外，一些吸烟旅客不慎将火柴烟头之类引燃了其他物品，也是发生列车火灾的原因之一。

• **火车上发生危险时的自救与救助**

坐火车旅行要时时注意人身安全，出入站台和上下火车都要听从车站及列车工作人员指挥，认真遵守铁路安全防范规定。不要违章进站上车，不要拥挤。不要为了抢时间抢越铁路线或钻越车厢。在车厢内要远离连接处，不要将头、手伸出窗外。从旅客自身方面注意了这些，也就大大减少了不安全因素，你就会平安地完成旅行。关于外部因素造成的列车事故中如何自救或救助他人，分述如下：

(1) 车窗破碎

当列车车窗被列车外部飞来物体破坏时，面向列车前进方向而坐的旅客便会首当其冲受到伤害，伤害的部位主要在面部，轻者可伤皮肤，扎破脸部。重者可造成眼睛、鼻子、口唇、耳朵受伤，最危险的还是眼睛。

成人或儿童旅客一旦被车窗玻璃伤

害，如果伤势较轻，可首先由他人帮助消除残留面部的玻璃碎渣，然后做外伤包扎，如果伤及眼睛，更要仔细，首先应用消毒药棉或其他洁净织物擦去伤口血迹，使伤口暴露出来，然后检查伤口内是否残留玻璃碎片、碎渣，如有，可用镊子，也可用指甲刀之类将碎渣夹出，之后再用消毒棉清理一下伤口再包扎。如果伤及眼球尤其是瞳孔，千万要小心，伤者自己不要乱动，他人救助时对于较大碎片可马上清除，对于细小碎渣，如果没有医治技术不要盲目处理，可先用一块消毒棉花轻轻盖在眼球上，然后用一凹形物体如瓶盖、茶杯、杯盖类罩于其上，再用纱布类包扎，尽快求得医生处置。

可请求列车工作人员协助在最近车站下车赶赴医院治疗。对于儿童伤员，家长或同行成年人首先要使儿童消除恐慌，不要乱动，不要用手乱摸伤口，尤其是眼睛受伤时，要努力禁止儿童流泪和揉按伤口，以免加重伤害，然后按上述方法处置。

(2) 列车失火

由于列车车厢空间窄小，又处于运动状态，加之旅客及行李物品充塞其中，所以列车一旦发生火灾很难扑救，对人员亦会造成更大伤害。

那么一旦火车车厢内发生火灾应该怎么办呢? 首先要听从列车工作人员的统一指挥，不要惊慌失措地乱跑乱窜，或争先恐后地跳车逃生。列车火灾事故造成的人员伤亡多数并不是由于火灾本身，

而往往由于为逃生而发生的拥挤、践踏所致。

其次，在没有统一指挥的情况下，也要镇静沉着，观察清楚火灾发生的方位、规模，然后再决定如何自救。如果火灾发生在本节车厢，可以转移到车厢前部，也就是列车前进方向那一侧，因为由于列车前进而使车厢内的空气向后部流动。火势也必然要向后蔓延，这样就可以躲避火灾的威胁了。

如果火灾发生在前部车厢，为防止危及本节车厢，要关好两道车门，阻断火势的蔓延，同时人员应撤离本车厢，向后部转移，如果火灾发生在后部车厢，也应如此采取措施。值得一提的是，任何时候不要胡乱打开车窗跳车，这样有两个危险：一是当火势蔓延至本车厢时，打开车窗等

于加速了空气流动，只能助长火势；二是列车行进时盲目跳车只能加大伤亡，而且应该相信，列车一旦发生火灾，工作人员必然会采取紧急措施使列车尽快停下来以便扑救。

最后，当身处火场之时，就不要顾及物品行李了，还是逃命要紧。同时，列车火灾往往是易燃易爆品所致，火灾发生后必然伴有大量有毒气体或烟雾，在逃生中应采取低位，并用毛巾等捂住口鼻，以防吸入有毒烟气而窒息。

(3) 紧急刹车及列车脱轨

这种事故往往发生在一瞬间，而这一瞬间也就能决定人的生死。遇有列车突然减速并紧急停驶时，应意识到可能是列车遇到麻烦而刹车了，这时第一个反应就是抓牢车厢内的任何固定部位，如扶手、茶

几、靠背等。以防止身体随惯性向前冲击而撞伤。如果正常行驶的列车突然失去平衡则表明列车脱轨了，这时，更要抓牢身边的车体，使自己的身体不至于失去固定位置。列车脱轨事故轻则可使车厢脱离轨道颠覆，重则可翻下路基、冲入河流，并可引起火灾或爆炸。对旅客的人身安全自然会构成巨大威胁！

车厢与路边建筑物等互相撞击，从而导致车厢变形并挤压、冲击车厢内的旅客而造成伤亡。

可以讲，遇上重大的列车颠覆事故，作为血肉之躯的旅客本身的自我保护能力是很有限的，但如果事先明了此类事故的发生、发展的规律，也是可以采取一些自我保护措施将伤亡减少到最低限度的。针对上述列车脱轨或颠覆对人体的伤害规律，在事故发生时，旅客最要紧的就是固定自己的身体。如果时间允许最好能平卧在座椅上，或钻在两个椅子中间的空当之中，紧紧抓牢或抱住靠背或椅子腿，也可抓住茶几支柱或行

那么遇上列车脱轨事故时该如何保护自己呢？首先，我们要弄明白，在列车脱轨或颠覆过程中人员会受到哪些伤害，然后就可以针对这些伤害采取必要的防范措施了。列车脱轨或颠覆时首先会使车厢改变空间位置，使正常座位或卧位的人瞬间失去平衡，或向一侧倾倒，或随车厢多次翻滚。而在这个倾倒或翻滚的过程中人会与车厢互相碰撞而造成伤亡。其次如果列车发生颠覆，又会使车厢之间猛烈撞击或

李架，这样可使身体与车厢形成一体，在车厢发生倾斜或翻滚时不致与车厢或其他物体发生碰撞。

处于两节车厢连接处的人要迅速冲进车厢。因为车厢内相对比较安全。不至于从车门甩出车外。处于车厢内的人员在自我保护时应躲开车窗处，避免被巨大的冲击力从车窗甩出去或被玻璃刺伤，也应避开两个平行相对的椅子靠背处，如果列车厢体受压变形，两个靠背会互相靠近而将

人挤住。卧铺车厢的旅客在列车颠覆时不要盲目跳下卧铺，应保持身体平卧状态，牢牢抓住卧铺使身体不要失去固定位置，这样也会减少伤害。

列车颠覆后稳定下来时，旅客应及时辨别方位，如果受伤较轻应尽快寻找车窗、车门逃离车厢；如果受伤较重，则要大声呼救，求得他人援救；如果车厢发生火灾，应向上风方向逃离；如果车厢掉进水中，要赶快爬上高处避水，即使车厢被水封闭，也要冷静地向两侧寻找窗口及时钻出车厢脱离险境。总之，列车脱轨或颠覆是重大事故。处于事故之中的人要保持心理镇静、急中生智，才能保护自己及孩子生存。

行着一列音乐和戏剧列车。列车上设有专供演出戏剧的小舞台和适合演奏音乐的装置。在列车运行中，旅客可以欣赏戏剧和音乐。

3. 猴子霸占火车座位

印度加尔各答主要火车站有的搬运人员霸占列车上的座位向乘客要钱，被视为违法，所以他们便训练猴子来干这种勾

电影列车

• 无奇不有的火车世界

1. 电影列车

世界上唯一设有电影厅的列车正在瑞典的斯德哥尔摩和北部城市吕奥之间往返行驶，全程运行 14 个小时。在设有电影厅的车厢内，地板是倾斜的，并放有 36 把安乐椅。白天放映儿童片，晚上放映成人片。

2. 音乐和戏剧列车

在法国巴黎至马赛之间的铁路上，运

当。这些经过训练的猴子从车窗跳进长途列车的车厢内，坐在空着的座位上，乘客要得到座位，必须付钱给搬运人员，以便让他们把猴子带走。

4."火车旅馆"

广西首个用火车车厢制成的"火车旅馆"在钦州市三娘湾景区对外开放。"火车旅馆"内设施按软卧标准装修，可容纳上百名游客。

5. 大力士拉火车

格鲁吉亚大力士努格扎尔·戈格拉

恰泽在格鲁吉亚首都第比利斯的中央火车站，以类似于拉纤的方式将 12 节重达 1050 吨的油罐列车向前拉动了 5.63 米，创造了一项新的吉尼斯世界纪录。

6. 列车"独行"3 小时

意大利南部卡拉布里亚大区的一家铁路公司的火车司机在驾驶列车时突然晕倒，这列火车却在无人驾驶的情况下，仍以每小时 100 千米的速度向前驶去，一直行驶了 3 个小时才被发现，调度通过扳道岔把火车引到一个上坡的轨道上，这样才使列车慢慢停了下来。

7. 奇特的缆索铁路

缆索铁路是美国人于 1867 年发明的。该种铁路有两大特点：一是在缆索铁路上行驶的车辆，本身没有动力，它的动力设在铁路的两端，通过电动机、绞车和钢索牵引车辆前进；二是爬坡能力很强，铁路的最大坡度可达到 60%，也就是说，每 1000 米的铁路可以升到 600 米。

8. 马拉火车

1881 年开滦煤矿出资修建唐胥铁路，铁路于 6 月 9 日铺轨，8 月制成我国第一台蒸汽小机车，在工地上运行。不久即被清廷以"震动东陵""有伤稼禾"为由，禁止行驶。11 月 8 日，唐胥铁路通车，只好以骡马拽引煤车。

9. 火车不敢晚点

西班牙从马法里到塞维利亚城的高速火车，舒适快捷，服务周到，正点率极高。因为管理这条铁路的公司宣布，只要是因为公司本身人为的原因造成晚点超过 5 分钟，列车上的旅客可获得全额退票款。自从这一庄严的许诺宣布后，正点率大大提高，深受旅客欢迎。

10. 早期火车的取暖

早期的火车，冬天无取暖设置，直到 19 世纪 50 年代，才启用火砖取暖；先把一块块砖头烧热，装进铁盒内，放

奇特的缆索铁路

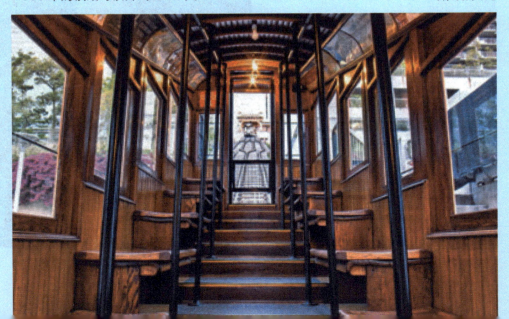

在座位下，供人烤脚，每三四个小时更换一次。这种方法不仅繁琐，而且热量不大，过了20年后，改用火炉取暖。此后才发展为现代的多种取暖方式。

11. 铁路喷粪防动物

在日本岩手县，因动物造成铁路列车事故频频发生，绝大多数都是由羚羊和日本鹿等动物造成的，为了防止类似这些列车事故的再度发生，他们在铁路沿线进行了喷洒狮子粪的工作，利用小动物惧怕猛兽的习性，来防止羚羊和鹿冲撞火车事故的发生。

12. 牙齿拖动 260 吨火车车厢

马来西亚男子拉塔克里南用牙齿咬住一根拴在火车车厢上的绳子，将重 260.8 吨的 6 节车厢拖出了 4.2 米，创造了一项新的世界纪录。此前的纪录保持者是比利时人沃尔特，他在 1996 年用牙齿把 223.88 吨的车厢拖出了 3.2 米。

13. 全手工制造的小火车

上海梅陇十一村小区的居民陆继民耗费十多年时间，全手工制造了一列仿真蒸汽火车。首发仪式开始后，先铺轨后接车厢，然后加煤加水，经过一个多小时的准备，长约 0.6 米的机车拉着 3 节车厢，载着大小近 10 人

开动起来。

14. 南非的古董列车

南非的一列古董列车"欧坦尼克丘卓号",是第一次世界大战时的产物,当时尚属产业货车,由于它行驶在印度洋沿岸乔治镇到奈斯那镇那一段闻名遐迩的风景地段,因此加挂两节客车,成为客货混合列车。客车座位仅有 50 个,行程 70 千米,耗时 3 小时,正好让旅客欣赏沿途风光。

15. 猎奇型旅游列车

在肯尼亚首都内罗毕郊区,开行着一趟穿行"百草园"的游览铁路列车,人们可以隔着宽敞明亮的大玻璃窗观赏动物。动物界弱肉强食的镜头有时候使人感到毛骨悚然。

16. 大科学家在火车上办报

1862 年 2 月 3 日,知名的大科学家爱迪生自己编辑印刷的《先锋周报》以崭新的风格,异军突起的姿态在列车行李车上诞生了。这是世界上前所未有的在火车上印刷的第一份报纸。每天销售为 400 ~ 700 份。

17. 专为佛教徒开行的列车

印度有一列专门为佛教信徒开行的列车,它的运行路线是"释迦牟尼诞生地巡礼"路线,列车从加尔各答出发,途经加雅和瓦腊纳西等地,最后到达释迦牟尼的诞生地伦比亚附近。

18. 蟒蛇形高速火车

美国 RATP 公司已开始试制一种新型火车,车长为 150 英尺,形似一条蟒蛇,车厢不分节,从车头至车尾一通到底,可容纳 890 名旅客,由于车底采用旋轴机构,使车在转弯时能保持平稳,因此震动和噪声极小。这种火车研制成功以后,可以逐步取代第一代非气动式高速火车。

19. 列车学校

英国把一列有 13 节车厢的火车改为寝室和教室，使它成为一所列车学校。整列火车可容纳 168 名学生，每人每周付 185 英镑，另外还可以容纳 16 名免费旅行的教师，有 6 名工作人员负责准备食品。这个列车学校备有电脑和录像设备，可作长达一周的实地考察旅行，以补充地理、历史、英国文学等方面的知识。

20. 人民币上的铁路画面

新中国发行的第一套人民币，从面值 1 元至面值 5 万元，共计 12 个档次；而由于面值同画面不同，这套人民币共计有 62 种之多，其中有关铁路画面的币面共有 7 种，占总数的 11 %，主要画面是"火车站""火车图""列车图"等。

21. 男孩挽救火车

孟加拉国男孩海尔沿铁路线捡果壳时

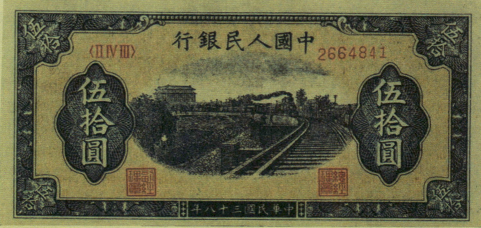

发现线路上有一段钢轨错位，他立即跑回家，拿出老祖母的红色内衣，跑到钢轨错位处用一根竹竿把红衣服高高挑起。一列载有 1000 多名乘客的特快列车行驶至该路段时，司机发现了高高飘扬在路旁的红色"报警旗"，便将列车及时停了下来，从而避免了一场车祸的发生。

22. 旧车厢出售改装

美国铁路系统由于货运列车车厢严重老化，年久失修，有关部门对此进行更换处理。旧车厢按质量好坏，每节以 3000 ~ 5000 美元公开出售，购买者重新改装车厢，将其改成卧室、办公室和孩子们的游乐室，甚至变成偏远地区的住房。所有的车厢都安有电灯、水管和有线电视、舒适宽敞。

23. "天后号"复出

全球现存最老的蒸汽火车头"天后号"于 1997 年 11 月 14 日复出。这台 1855 年由英国制造的蒸汽火车头最高时速 65 千米，但运行时以 35 千米时速行驶。此次"天后号"复出，主要是满足外国旅游者的好奇之心，乘客们可在"天后号"窄小的车厢内住一晚。

● 乘火车环游世界

世界最豪华的火车 〉

● 威尼斯辛普朗东方快车

这趟列车的布置极为豪华，给人的感觉就像一座宫殿，有世界上"最完美、最尊贵的火车"之称。车厢内装饰着锦缎，座位舒适而宽绰，食物丰盛而奢华，尤其是晚餐，可以与最好的法国餐馆的菜肴相媲美，服务员的态度也让人真正感觉到宾至如归。乘坐这趟列车，旅客恍惚间会以为自己坠入了詹姆士·邦德的电影，抑或阿佳莎·克里斯蒂的侦探小说。沿途经过法国、瑞士和奥地利，旅客可以将欧洲大陆的美景一览无余。3 天的单程票价和景点票价为人民币 2.6 万元。

• 亚洲东方快车

这趟列车运行路线全长约 1700 千米，它连接了新加坡和泰国曼谷，是欧洲东方快车的亚洲版，其设备和服务完全参照五星级酒店标准。马、泰政府甚至为这列豪华快车调整了其他火车的时刻表，以便让它在白天经过最佳风景区。沿途的景观有热带雨林、湖泊以及马来西亚的传统村落等。历时 2 天，票价约为人民币 1.5 万元。

• 印度豪华皇宫列车

这趟列车的与众不同之处是，车上的服务员都穿着华丽的印度皇宫服饰，手里端着各种各样的咖喱美食。列车沿途还要经过一片沙漠。乘坐这趟列车的旅客可以享受到大象迎宾仪式，游览印度皇宫及国宾馆，当然还可以骑骆驼。不过，这趟列车只在进出站时采用蒸汽动力，平时行驶时使用柴油。10 天的费用为人民币 4 万元。

• 澳大利亚印度太平洋列车

印度太平洋号横穿整个澳大利亚大陆,从太平洋的港口城市悉尼,一直到印度洋边的珀斯城,全程 4352 千米,历时 3 天。列车从悉尼出发,穿过弥漫着蓝色树影的蓝山,到达第一站,南澳大利亚首府阿得莱德。然后,火车继续穿过一望无垠的纳勒伯平原。这段又长又直的铁路在全世界都绝无仅有。列车每周两趟,头等舱票价为人民币 1.4 万元左右。

名旅客。每个套房都有专用的电话、电视、空调和独立的盥洗室,配有淋浴或浴缸,服务员 24 小时待命。列车行驶极为平稳,旅客感觉不到列车的任何一点颠簸,甚至以为列车是停止的。客人们可以一边品尝顶级厨师新鲜烹制的美味佳肴,一边欣赏从窗外闪过的变幻不定的非洲景色。南非首都比勒陀利亚和开普敦之间的路线,全长 1600 千米,27 小时的旅程,豪华单人套房的旺季票价为人民币 1.65 万元。

• 南非蓝色列车

这趟列车于 1998 年投入运营,如同移动的五星级酒店。两辆蓝色列车,第一列限载 82 名旅客,另一列限载 74

• 墨西哥Sierra Madre快车

这趟列车全程 1330 英里,历时 8 天。列车全程海拔落差达 8000 英尺,共穿过 87 个隧道,跨越 35 座高架桥,其中最长的一座桥 1726 英尺。5 节车厢中包括 1 节观景车厢。第一天和最后一天,乘客们在火车上住宿,其余的时间则住在乡村旅馆里,游客可以感受几百年来与世隔绝的传统民俗文化。票价约为人民币 2.3 万元。

澳大利亚印度太平洋列车

金伯利

八大经典线路 ＞

　　飞机将空间变小之后，旅游给人们的距离感就荡然无存了。空间的快速切换也许令我们的旅游目标更直接，但也让我们错过了很多。

　　坐火车去旅游，看着列车经过的地方，树叶渐渐变黄，气温渐渐降低，海拔渐渐升高，景观的变化是缓慢的，却又是明显的。这种旅途的感悟才是最深刻的。

　　如果在火车上，沿途的风光优美得像画卷一样不断地展开，而且列车上有舒适的床铺，有精美的食物，可以捧一杯香浓的咖啡坐在车窗前，边品味边欣赏窗外的风光……这样的旅程，又是另一种舒适的享受。

• TOP1南非"非洲之傲"列车最优质列车旅游线路

　　行车段：南非比勒陀利亚至开普敦、维多利亚瀑布，路过南非著名的钻石之城——金伯利。

　　排名理由："非洲之傲"罗沃斯列车可算是世界上最豪华的列车之一，列车上每一节车厢都可以看作是一种艺术品，古典、精致而舒适。而列车所经过的地方，是南非南部草原，仰头可以看到满天繁星，低头望去是平整的大草原，也许还会偶遇一些野生动物，风光之美令人浮想联翩。

　　"非洲之傲"列车的总部在南非首都比勒陀利亚，登车之前会进行一次古典的仪式，列车公司负责人致欢迎词后，由服务小姐引导客人进入车厢。列车上，每一节车厢都只设计了两间房间，令每间套房足有十几平方米，显露出浓厚的贵族气息。内饰全部是木质的，房间内光线充足，一张超大号床位于房间一侧。

　　车上的洗水间也不比星级酒店差，宽敞的卫生间里提供 24 小时洗热水，大浴盆正对着一扇玻璃窗，一边洗澡还可以一边欣赏窗外的非洲草原景色。

　　列车上的餐车当然也值得一提，每张餐桌都铺着白色桌布、摆放着水晶酒杯，透着一股浪漫气息。用过晚餐，信步走到列车尾部的观景台，那种感觉就像置身车

外了，一抬头，满天的星斗仿佛近在咫尺。

◎登车指南

列车线路包括从维多利亚大瀑布到比勒陀利亚以及从比勒陀利亚到开普敦的两条线路，价格不菲，而且要提前预订。

• TOP2 瑞士黄金列车

行车段：黄金列车可算集瑞士精华景观之大成，以位于瑞士心脏地带的琉森湖畔为起点，串联琉森、茵特拉根、兹怀斯文、蒙特勒，一路延伸到素有"瑞士蔚蓝海岸"之称的日内瓦湖畔。

排名理由：瑞士国土虽不算大，景色却是欧洲中数一数二的，发达的铁路网络，也令火车旅游成为最好选择。在瑞士，最受赞赏的当然是"黄金列车"线路，这一线路走过瑞士几个美丽的湖泊，走过欧洲的少女峰，所到之处的美丽风光，叫人舍不得眨眼。正如旅游者所称，黄金列车集合瑞士景观精华，好比瑞士的黄金旅游路线。

黄金列车并非一列火车，而是由三种观景火车接力完成，包括由琉森至茵特拉根的布宁观景快车、茵特拉根至兹怀斯文的蓝色列车、兹怀斯文至蒙特勒的水晶观景快车。这种观景火车，除了路线沿途均风

光秀丽外，火车上还设有特大的玻璃窗，好让乘客的眼睛不会错过任何风景。

从首站琉森出发，这座湖畔的小城在阿尔卑斯山群山的映衬下，更显得宁静脱俗。上火车后，沿途的风光以湖泊及平原为主要景观。到达茵特拉根，这里又临近布里恩兹湖和图恩湖，风光同样旖旎，而更让这座城市扬名的还是不远处的少女峰。少女峰之巅有 3454 米高，山顶遍布洁白的冰雪，在列车上望去，可以远观少女峰壮丽的雪峰和冰川景观，她婀娜多姿的身影，让人流连。

◎登车指南

如果要登上少女峰山顶，还是换乘专门的列车上山。费用不包括在黄金列车的费用之中。上到山顶，可以进行多种雪地活动，也可以在观景台欣赏着阿尔卑斯山脉难以形容的壮观景色。

• TOP3 加拿大落基山观景列车

行车段：从温哥华到杰士伯、班夫国家公园行程，沿途还将经过班夫温泉、露易斯湖、踢马河谷、螺旋隧道、南汤普森河谷、地狱门、菲沙河谷与班夫、冰河国家公园、杰士伯国家公园与哥伦比亚大冰原等景观，最后抵达牛仔城卡加利。

排名理由：这是专门为观景而设计的列车，车厢上方的天窗与两侧宽大玻璃窗连为一体，让游人更彻底地感受落基山的风光，并且列车只是白天行车，晚上下车在市区休息，不错过任何美景。

登上落基山观景列车，清晨微风中列车缓缓开进海岸山脉。游人可以在豪华座舱中一面享用早餐，一面欣赏海岸山脉的美景。到了下午，列车缓缓盘旋于奇岩嶙峋的南汤普森河谷中，一面是万丈高山，另一面则是滚滚激流；峡谷中最著名、最狭窄的莫过于地狱门峡，每秒钟数百万加仑的河水夹带泥沙怒吼似的冲刷峡口，气势如虹。晚餐后，列车抵达甘露市，列车的车费中包括了在这里的住宿，游客可以随意逛逛这座小城。

第二天再次登上观景列车，列车再度东行进入南汤普森河谷，一路上景点不断，坐在车厢里，享受的是近距离景观。

◎登车指南

落基山列车可以作为在加拿大旅游中的一项内容，在列车上可随身带上当天换洗的衣物、盥洗用具与个人健康药品，大件旅行箱将集中放在火车上过夜，直到终点站。

火车行程偶尔因为不可抗力因素而有延迟，最好不要安排时间太急的接驳班机或其他长途交通观光行程。

- ### TOP4 亚洲东方快车

行车段：从吉隆坡出发，经马来西亚槟城、吉打州、泰国华欣、曼谷。

排名理由：想试试豪华的火车旅游只能到很远的地方吗？其实，我们原以为熟悉的东南亚地区，也有舒适的列车旅游。

行驶在泰国与马来西亚之间的亚洲东方快车是欧洲东方快车的亚洲版，东方快车的设备和服务，完全参照五星级酒店标准。这是在亚洲难得的一种豪华列车。列车上流光溢彩的晚餐，令人仿佛置身于欧洲贵族的生活之中。

马、泰政府为这列豪华快车调整其他火车的时刻表，以便让它在白天经过最佳风景区。

从吉隆坡往北，一路经过保存完整的自然丛林、热带雨林、湖泊，空气中飘散着浓郁的绿木芳香。过了槟城，进入马泰边境前，将会经过吉打州，到处可见大面积稻田，还有马来传统的高脚屋村落。继续往北前往华欣，经过泰国最狭窄与缅甸相接邻的地带，安静的华欣则是泰国拉玛六世王室的避暑城市，眼前弥漫着古老的泰国风情。

◎登车指南

旅客在列车上可着轻松便服。晚上用餐时段规定需穿着正式服饰。车上供应三餐，费用已包括在团费内。但餐费不含饮料，旅客须额外付费。

- TOP5 瑞士冰河列车

　　行车段：此列车贯穿阿尔卑斯山绝色。从圣莫里兹经达沃斯或库尔到策马特，沿途穿越 91 个隧道及 291 座桥梁，登上海拔 2033 米的上阿尔卑斯山口。

　　排名理由：瑞士发达的铁路系统，向游人准备了众多铁路旅游线路。除了黄金列车，同样著名的还有冰河列车，冰河列车则以冰川景观为主。时速仅有 35 千米的冰河列车，有"全世界最慢的观景列车"之称。

　　这段铁路行驶在奇岩遍布的阿尔卑斯山区，最高与最低点的落差达 1429 米，到达马特雄峰是景观的高潮。沿途景观多变，溪流、山谷、飞瀑、村庄、田野各类风景美不胜收。

- TOP6 德国阿尔卑斯火车

　　行车段：从博登湖畔的林道，沿着阿尔卑斯山系蜿蜒绵长的棱线跨越无数山城，直达最东边的贝希特斯嘎登的科尼湖（又称国王湖）。

　　排名理由：从德国的慕尼黑前往奥地利的茵斯布鲁克，车程不长，但可体验火车穿越阿尔卑斯山脉的美好感受。

　　路线游走在德国、瑞士及奥地利边界，横山越岭，连接无数个大小湖泊，遍布湖光山色、田畴绿野的自然奇景，让人着迷不已。

车轮上的现代化

- TOP7 南美洲希朗——宾汉列车

行车段：从库斯科到马丘比丘，穿过郁郁葱葱的印加圣谷，沿着奔腾不息的乌鲁班马河西行，进入山崖陡峭的崇山峻岭，才到达这座闻名遐迩的云中古城。

排名理由：如果到秘鲁不看马丘比丘，如同到中国不登长城。马丘比丘是秘鲁人心中的圣地，是古代印加文明的见证。而如果乘坐希朗－宾汉列车前往，沿着安第斯山脉进入山林中，马丘比丘的神秘则更有引人入胜的感觉。

这列豪华火车只有4节车厢，一节旅客的车厢兼餐车，一节酒吧车厢，一节露台车厢，还有一节车厢是装备极其现代化的厨房。豪华的车厢，令访古之旅变得舒适。

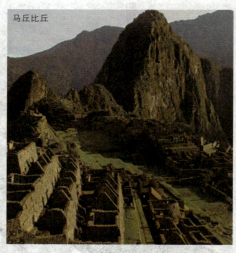

马丘比丘

到达终点站时，雄伟的马丘比丘古城以它恢弘的气势，傲然耸立于壮美无比的群山环抱之间，呈V字形的古城建筑群，错落有致地铺撒在两端悬崖险峻、谷底水流湍急的山脊上。那种壮观和震撼的感觉，是沿途漫长的等待之后才有的。

• TOP8 奥地利阿亨湖蒸汽火车

排名理由：奥地利从 1889 年上路，已经跑过 116 个年头的阿亨湖蒸汽火车，是欧洲第一座使用齿轨铁路的登山火车，至今它不但成为世界上定期行驶历史最长的火车，也是唯一仅存还使用蒸汽运行的齿轮火车。

其实在奥地利许多地方，都有蒸汽火车可以坐，但是位于海拔 950 米的阿亨湖是提洛尔地区最大、最高，也是最美丽的深山湖泊，因为是冰河穿越谷地所形成的，加上四周有阿尔卑斯山围绕，构成美丽的景致。坐上老式的蒸汽列车，往这人间仙境走一回，那种感觉更加独特。

铁路火车知识拓展延伸

高速铁路的轨道与普通铁轨之间的区别 〉

1.轨距都是一样的，1435mm，高速铁路上的动车组可以被普通机车头从生产厂经过普通铁路牵引到高速铁路上的（由于信号系统不兼容，高速铁路上的高速动车组不能在普通铁路上独立运行，要靠牵引的）。

2.正线之间的距离有差异，高速铁路的两条正线之间距离至少要大于4.8m，但是普通铁路要求就没有那么高。

3.高速铁路为了保证轨道的平顺性与列车运行的安全性，一般都采用无砟轨道板，普通铁路就没有这样的要求，中国的普通铁路里目前只有遂渝铁路与渝怀铁路的部分路段采用无砟轨道板进行试验。

铁轨下面为什么会有很多小石头？

我们往往会看到铁轨之下铺有很多小石子，通常有以下两个原因：

其一，通常情况下，两轨之间的宽度只有1.2米左右，由于火车的重量非常大，尽管下面铺设了一排排的枕木，但是仍然起不到太多的作用，而这些石子就能够起到加宽路基的作用，有了小石子，地层就不容易下陷或者出现铁路扭曲的现象。

其二，比起路面来，小石子要坚硬得多，而且其内部有很多孔隙，如果将地基打成水泥的，由于钢材和水泥热胀冷缩系数有所不同，因此受到损坏。对于小石子而言，其内部能够发生相对运动，这样的话，就能够对热胀冷缩造成的变形起到缓冲的作用。

因此我们看的铁路都在铁轨下面铺有很多小石子。

为什么铁轨接缝处有空隙？ ＞

　　这是由于在不同的季节，铁轨会因气温的升高和降低而出现热胀冷缩的现象。夏天，气温相对要高，铁轨会发生热膨胀，从而变长，如果不在其接缝处留有一定的空隙，一旦铁轨变形，火车就不能继续行驶了。在接缝处留出一些空隙，是为铁轨留有一定的伸缩余地，这样的话，即使在夏天，也不会因为热膨胀变长而向上拱起，火车就能够安全地行驶通过。

为什么火车开远后，声音会变得低沉？ ＞

　　在我们的生活中，有许多声音，高低各不相同，我们就说它们的音调不一样。对于音调高的声音而言，其振动频率相对较高，例如吹口哨的声音，音调较高，人们听上去就会觉得声音比较尖锐；而对于音调较低的声音而言，振动的频率相对较低，例如打鼓的声音，音调就低，听起来较沉闷。

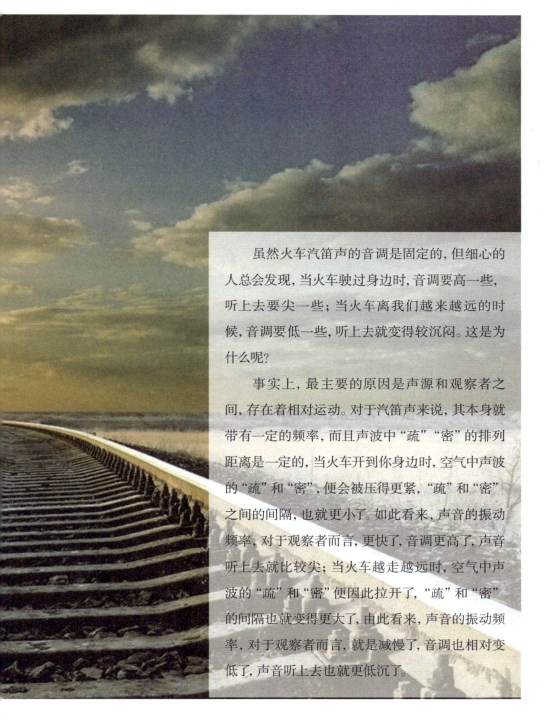

　　虽然火车汽笛声的音调是固定的，但细心的人总会发现，当火车驶过身边时，音调要高一些，听上去要尖一些；当火车离我们越来越远的时候，音调要低一些，听上去就变得较沉闷。这是为什么呢？

　　事实上，最主要的原因是声源和观察者之间，存在着相对运动。对于汽笛声来说，其本身就带有一定的频率，而且声波中"疏""密"的排列距离是一定的，当火车开到你身边时，空气中声波的"疏"和"密"，便会被压得更紧，"疏"和"密"之间的间隔，也就更小了。如此看来，声音的振动频率，对于观察者而言，更快了，音调更高了，声音听上去就比较尖；当火车越走越远时，空气中声波的"疏"和"密"便因此拉开了，"疏"和"密"的间隔也就变得更大了，由此看来，声音的振动频率，对于观察者而言，就是减慢了，音调也相对变低了，声音听上去也就更低沉了。

图书在版编目（CIP）数据

车轮上的现代化/张玲编著. —长春：北方妇女
儿童出版社，2015.7（2021.3重印）
（科学奥妙无穷）
ISBN 978-7-5385-9332-7

Ⅰ.①车…　Ⅱ.①张…　Ⅲ.①列车—青少年读物
Ⅳ.①U292.9-49

中国版本图书馆CIP数据核字（2015）第146849号

车轮上的现代化
CHELUNSHANGDEXIANDAIHUA

出 版 人	刘　刚	
责任编辑	王天明　鲁　娜	
开　　本	700mm×1000mm　1/16	
印　　张	8	
字　　数	160 千字	
版　　次	2015 年 8 月第 1 版	
印　　次	2021 年 3 月第 3 次印刷	
印　　刷	汇昌印刷（天津）有限公司	
出　　版	北方妇女儿童出版社	
发　　行	北方妇女儿童出版社	
地　　址	长春市人民大街 5788 号	
电　　话	总编办：0431 - 81629600	

定　　价：29.80 元